大展好書 好書大展

大展好書 好書大展

命理與預言14

簡易精確手相

高山東明／著
李玉瓊／譯

大展出版社有限公司　印行

序文

筆者歷年來看過無數朋友的手相，為數高達兩萬數千人。這個數字可不小，而每一個數字卻是一個個不同的人生。

分析手相原本是我學生時代的一個興趣，從沒想到竟然會沉迷於手相到了這樣的境地。

此後二十多年來，越看手相越發現其中的奧妙，每天都是嶄新的發現。

手相是科學——這是我一直想要說的一句話。我確信只要輸入線紋的長短、粗細及線紋的走向等要素，用電腦等機器做統計，一定可以對手相做科學性的實證。

手相是另一個心靈——這是筆者秉持的信念。自己目前的心理狀態會暴露在手相上。

所以，手相不會說謊。多麼巧言令色、虛飾門面的人，只要觀其手相即原形畢露。

目前興起一股占卜風潮，各式各樣的占卜充斥市面，但無一可勝過手相占卜的命中率。

手相人人不同，有多少人就有多少種不同樣態的手相。

但連筆者都為其命中率之高，感到驚訝不已。

舉例而言，前幾天一名二十四歲的OL、S小姐前來拜訪。

剛開始她給人相當開朗、愉快的印象，但經過手相鑑定之後不禁大吃一驚。

因為，她的手上所呈現的是「因三角關係糾纏之相」。怪不得手上的紋路特別複雜，因此，我讓S小姐放輕鬆，首先從其人品開始占卜，然後告訴對方：

「似乎和交往的朋友處得不太好。出現煩惱的徵兆。」

情。

S小姐一聽大為驚訝，才開始敞開心胸說出實情。

這位小姐的感情線非常長，且前端分叉朝下而降。同時，在二十四、五歲的時期出現障礙線。暗示人際關係中的失敗。

一般而言，手相可看出基本的運勢、性格、戀愛運或婚姻運及財運、健康運等，尤其會清楚地呈現個人目前所處理的事物或內心隱藏的重大問題等。

除了過去的事情外，也能以極高的精確度預測未來的事情。不過，希望讀者能謹記以下的事情。

絕不要為占卜的結果感到失望。即使鑑定結果不好，也應採取積極的態度。因為，只要大事化小、小事化無則可平安無事。

占卜是爲了使各位擁有幸福，因此，請以積極前進的態度接受我為各位所做的建議。

最後，由衷地向為本書的企劃乃至編輯鼎力相助

的江淵真人先生及杉山隆氏先生、廣田泰士先生致上最高的敬意。

高山　東明

目錄

第二章 結婚運的占卜

第三章　財運的占卜

——手相鑑定

第四章 性格運的占卜

第五章　職業運的占卜

第六章 健康運的占卜

第七章 綜合運的占卜

引言

分析手相之前

●分析手相時的注意點

不僅是手相，所有占卜術都可涵蓋而論，當我們進行占卜時應謹記最低限度的禮儀，對他人應有體貼之心。尤其必須遵守以下二點，這乃是分析手相的禮貌。

①只爲渴望占卜者占卜

剛學會如何分析手相的新手，常見的情況是逢人即強行占卜。即使別人不願意也無理強求。雖然手相分析得越多越能培養眼力，使分析的技術練達，但卻不能強人所難。社會上有不少對占卜術嗤之以鼻者，也有人不願意被平時並不親密的人任意碰觸手掌。所以，應該只分析主動伸出手來，讓你占卜者的手相。

②不說令對方不快的事

有些人在分析手相時，膽敢直言惡兆，如「被男友甩了」「將會生病」等，這些說詞只會傷害到對方，使其心情沉重。如果手相出現類似的惡兆，應該用建設性的忠告表達，譬如：「對男友親切一點」「注意身體」。

手相不僅是技術展現，還必須讓對方產生希望、獲得喜悅。令對方感到不快的人，可以說已失去分析手相的資格。

引　言

●手相會變化

略懂得手相者中，常見不少人只看到手上的線紋即斷然做判斷，任意決定自己的命運。舉例而言，看見較短的生命線即認定「無法長命百歲」，或發現手上沒有太陽線，就以爲「自己既無人緣也無財運」。

事實果眞如此嗎？根據筆者占卜無以數計的手相經驗，有許多人生命線雖短，卻長生不老，也有手上並無太陽線或財運線，卻大獲利市者。

那麼，手相言之差矣？不，線紋確實吐露實情。不過，手掌上的線紋誠如我們身體的成長，每天會發生變化。也許有人聽聞此言感到意外，但這卻是事實。尤其是個人的努力或奮鬥會清楚地刻印在手掌上。換言之，手相具實地傳達無可辨識的精神狀態、內心模樣。

其實手相並不單指手掌上的線紋。它還包括手形、色澤、厚實感或指甲等各個部份。因此，分析手相的要領是，不可只看線紋做判斷，應做綜合性的分析。

引　言

●丘的觀察

在進入手相的線紋之前，首先針對「丘」做說明。丘是指手掌各部位所出現的隆起處，它們各帶有不同的涵義。分析丘時，應注意的是不要拘泥於單一的部份，應做整體均衡的判斷。

在手相上，丘和線紋同樣具有重要的意義，首先請記住其名稱。

木星丘　位於食指下方的丘，表示支配、野心、名聲。

土星丘　位於中指下方的丘，表示忍耐、判斷力，此丘發達者耐力特強。

太陽丘　位於無名指正下方的丘，表示人緣、人望或藝術、藝能等涵義。

水星丘　小指下方的隆起狀，表示商才、買賣、傳達、社交。

第一火星丘　位於木星丘下方的丘，主掌活力、鬥爭心、熱能。

第二火星丘　位於水星丘下方，表示與第一火星丘呈對照的自制力、自衛力。

月丘　位於小指側的手腕上方，表示藝術、創造、愛情。

金星丘　拇指指根周圍的部份，可推測健康、壽命、體力等。

火星平原　手掌中央的凹陷部，可看整體運勢。

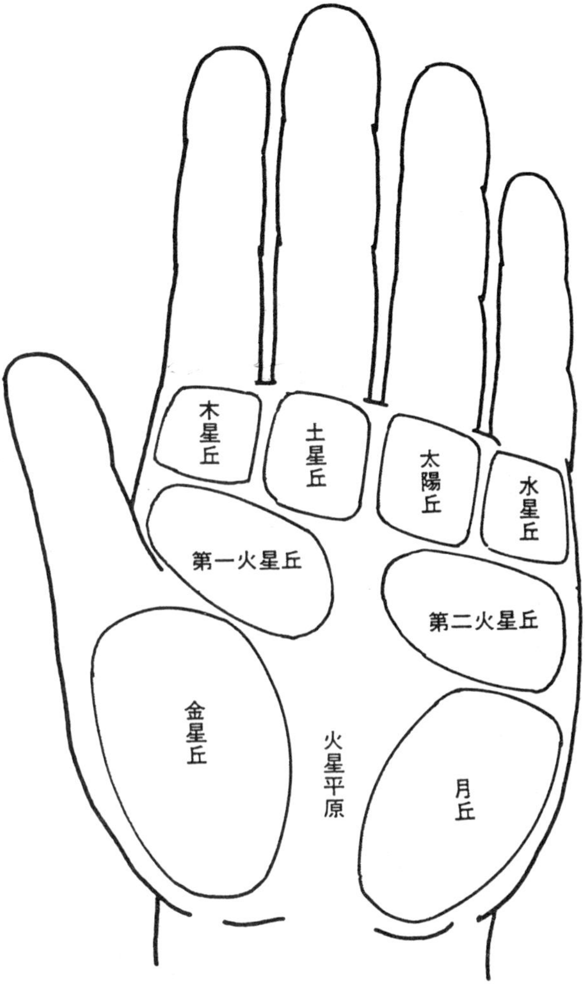
木星丘
土星丘
太陽丘
水星丘
第一火星丘
第二火星丘
金星丘
火星平原
月丘

●手相的基本八線

接著說明手相上的基本八線。若能確實掌握各個線紋的涵義並做多方應用，幾乎已擁有八〇%左右的手相分析能力。

生命線　從拇指和食指之間出發，以圓弧狀圍住金星丘的線紋。表示壽命、健康、生命熱能。

智慧線　與生命線同一出發點或從其上方出發，呈和緩曲線滑行手掌中央的線紋。表示智能、才能、性格，是分析適性時重要的線索。

感情線　起自小指以下，橫越手掌的線紋，表示性格或愛情、感性等心靈狀態。也是分析戀愛運的主要線紋。以上三線稱爲主要三線。

命運線　從手腕附近朝土星丘伸展的線紋，可分析境遇的變化、運勢強弱。

太陽線　從太陽丘縱向伸展的線紋。據說有此線極擁有人緣、人望及財運。

婚姻線　位於小指下方的橫線，一般會出現二～三條。分析婚姻、家庭運。

財運線　出現在水星丘的縱線。表示財運或商才。

健康線　斜向伸展於月丘上部的線紋。和生命線可綜合分析健康運。

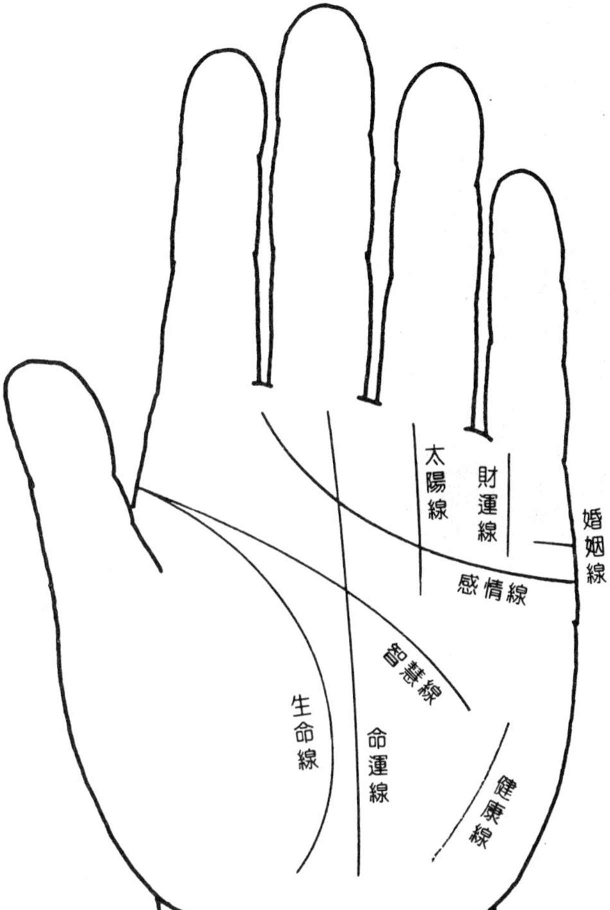
太陽線
財運線
婚姻線
感情線
智慧線
生命線
命運線
健康線

朝向月丘的智慧線——具有美感品味

●月丘
以肌肉均勻、血色清晰之相爲佳

高橋由美　設計師　26歲

設計師所不可或缺的是品味與創造性。因此，智慧線和生命線最好從同一點出發，朝向月丘呈徐緩的曲線……。

高橋小姐的手上正清楚地出現這樣的線紋。浪漫主義者，喜愛美麗事物又富有靈敏直覺，也兼具美感品味。

適度混亂的感情線，也表示豐富的感受性。

第一章
戀愛運的占卜

●你的戀愛圓滿嗎？

對未婚的年輕人而言，最關心的事是戀愛或婚姻吧。尤其是女性，雖然有許多人在工作上找到生存的價值，但婚姻仍然爲衆多女性所嚮往，它也是掌握後半人生的關鍵。

你有何種婚姻？建立什麼樣的家庭？這些問題將在以下的婚姻運中詳細說明，本章只分析在結婚之前的階段，亦即戀愛中的運勢。

你將會發生什麼樣的戀情？愛情是否有圓滿的結果……。我想這是戀愛中人所最關心的問題。其實手相可以明顯地告訴各位答案。戀愛乃是心理的問題，因此和感情線有密切關係。是否再發展另一個戀情或給予克制？完全須以理性來操作，因此和智慧線之間的關係也是分析的要點。

此外，太陽線的有無，或丘的張力都是鑑定上重要的要素。

以上雖是分析的重點，但戀愛或婚姻必須有對方才有結果。請盡可能也一併分析情人的手相，判斷和自己的投緣性如何。

第一章　戀愛運的占卜

●愛情圓滿結果之相、破局之相

不論目前有無中意者，任何人都非常在意自己的戀情是否能有個圓滿結果。手相也會暗示其中的端倪，但最重要的乃是個人的努力與用心。

①末端進入食指與中指中間的感情線

擁有此相者心地善良、感情豐富。對待戀愛的對象也相當體貼，以誠相待，因而能持續長久關係而培育溫暖的愛情。

②延伸到食指指根的感情線

此相也是用情深，能以寬廣的心胸包容對方。誠心信賴並爲對方奉獻，是現今少見的純情者。即使對方極爲任性，也不致於發展爲嚴重的爭執。

③位於太陽丘下呈斷裂的感情線

雖然與難能可貴的情人遇合，卻因任性而破壞彼此的關係。這種人若凡事不順遂己意，會怒罵或傷害對方，結果使對方拂袖而去。斷裂處若位於水星丘下方也是一樣，利己主義的性格會招來愛情的破裂。

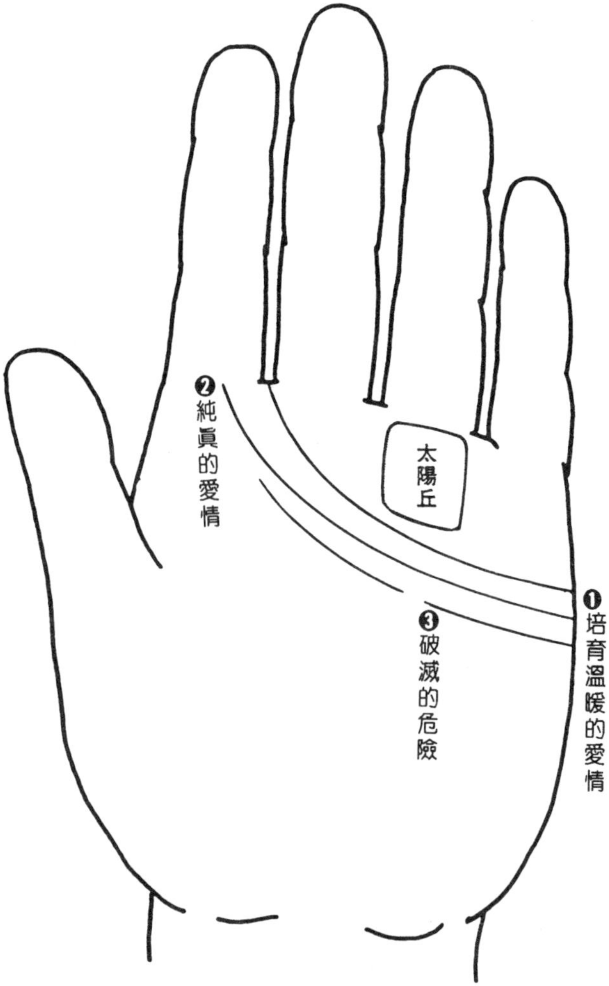
❷純真的愛情
太陽丘
❶培育溫暖的愛情
❸破滅的危險

●受異性歡迎之相、不受歡迎之相

每個人的境遇各有不同，有些人一直無法搭上戀愛列車，而有些人身邊經常有異性的追求者。後者中有人容貌平平，並無特別吸引人的魅力，何以能獲得異性的垂愛呢？出人意外地，手相握有最大的關鍵。

①從感情線出發而朝上的支線

從感情線朝上分叉出的支線，即使短也表示具有吸引異性的魅力。個性開朗又善於交際，因而也深獲同性的好感。相反地，支線朝下時，個性較爲消沉，往往被異性敬而遠之。應積極地拓展交友圈，建立更大的人際關係。

②太陽線

手上若出現這條線紋，是相當幸運的人。具有天生受人歡迎的神奇力量。只要有這種人存在，四周會因而散發出活潑、開朗的氣氛。應更致力於磨練自己天生具有的性格，與良好的運勢並駕齊驅。

③尾端位於土星丘和木星丘間，呈三分叉的感情線

如果三分叉線全是上升線，深獲衆人的喜愛，在異性的追求下走上紅毯的一端。

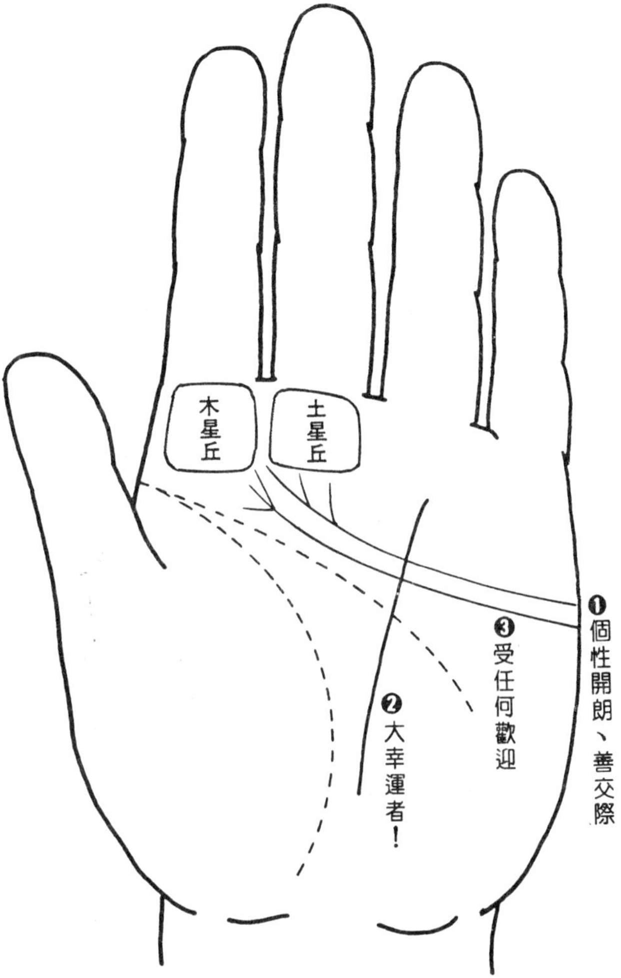
木星丘
土星丘
❶個性開朗、善交際
❷大幸運者！
❸受任何歡迎

●受長上喜愛之相、受年幼喜愛之相

在日本的演藝圈，最近掀起一股女明星或女歌手與年齡差距多歲者的男性結婚的風潮。也許愛情的力量可以打破年齡之間的壁壘。而深獲年輕數歲的小男生喜愛，或反之獲得年長女性垂青的男性的手上，通常會出現以下的徵兆。

①延伸到月丘的長智慧線

月丘是愛情之丘，智慧線若延伸到此處者，生性浪漫又有幻想癖。因此，一般的戀情無法使其感到滿足，渴望刺激性的戀愛。男性具有戀母情結的傾向，特別鍾愛媽媽型的女性。若是女性，不論年紀多大都會受到年輕男子的追求，而且用情深，也受到對方的仰慕，乃是令人欣羡之相。

②從中指延伸到無名指的金星帶

金星帶是表示熱情、性慾、感受性之相，女性的手上若有輕微地浮現在中指與無名指間的金星帶，會受到年幼男性的愛慕。天生具有極強的性魅力，全身上下洋溢的妖豔氣息，使年少男子爲之瘋狂。男性手上若有金星帶，而感情線顯得混亂者，具有一拍即響的感受性，令年長女性爲之心花怒放。這是俗稱的小白臉。

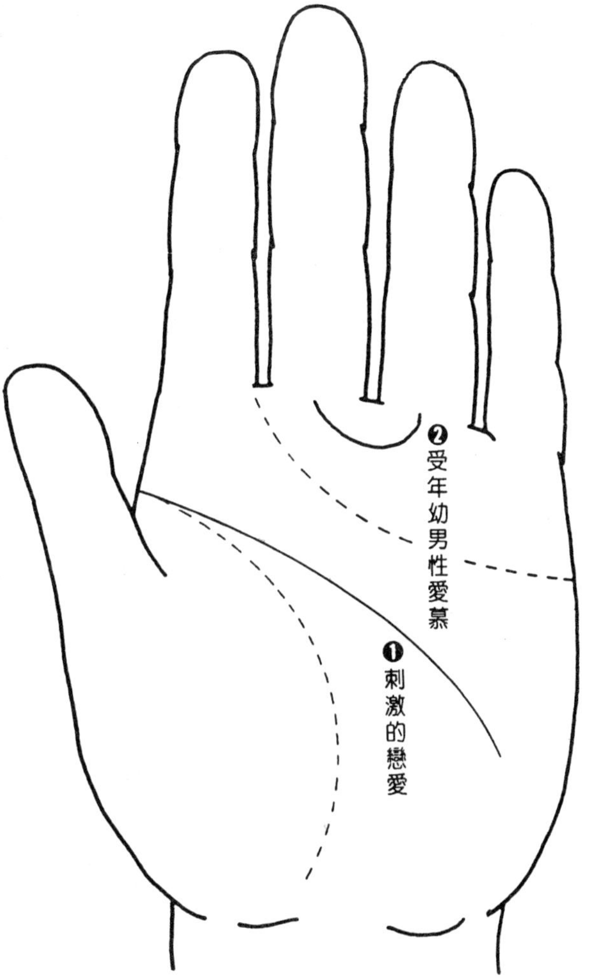
❷受年幼男性愛慕
❶刺激的戀愛

●擅長愛情表現之相、不擅表達之相

如果心已有所屬，最重要的是如何讓對方瞭解自己的心意。因爲，即使強烈地愛慕對方，若無法適切地傳達也不能使愛情獲得結果。請看看手相，試著揣摩自己的作戰方式。

①出發點稍微偏離生命線的智慧線

處事積極，具有洞察人心的才能，擅長愛情中的進退遊戲。富有文才，熱情如火的書信能令對方如癡如醉而成爲俘虜。

②前端分叉爲二的感情線

感情線的前端朝上分差爲二者，對異性帶有強烈的關心，屬於容易熱戀的類型。但不會單向施壓自己的熱情，不忘隨時顧慮對方，因而能受到異相的歡迎。富有機智的口才，使人產生愉快的心情，也擅長製造氣氛，因而戀愛的成功率極高。

③曲度小而在食指與中指間結束的感情線

感情線本身雖不短，但線條缺乏張力而無曲度時，是屬於不暴露感情而壓抑自己的類型。消極而害羞的人，因而不擅長愛情表線，最好在錯失良緣之前想出因應對策。

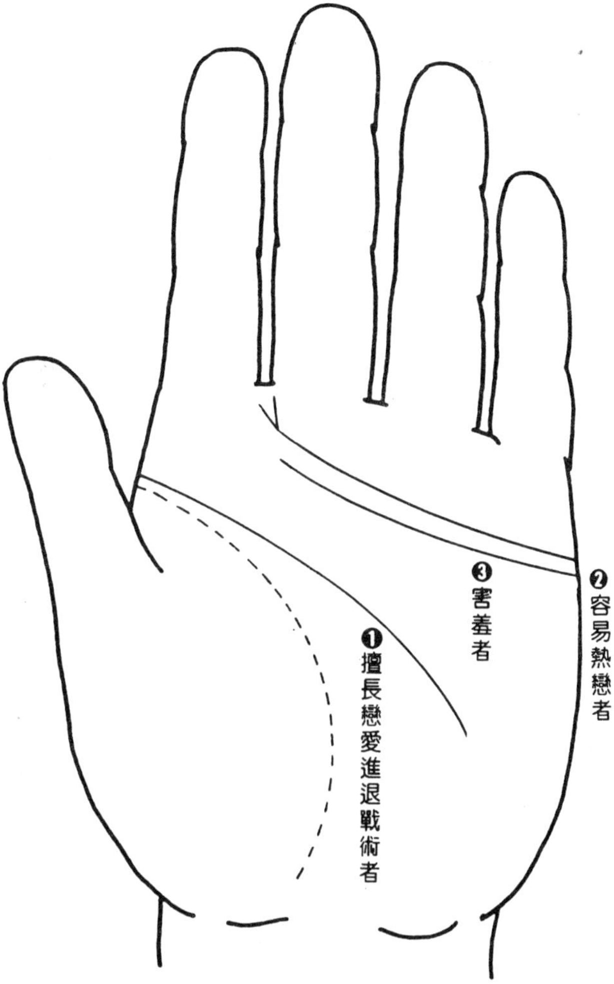
❶擅長戀愛進退戰術者
❷容易熱戀者
❸害羞者

●立即成為愛情俘虜之相

原本冷靜而老實的人，突然間變得猜忌心強或佔有慾高……愛情的魔力實在令人畏懼。一旦陷入情網時，你會如何面對自己的愛情呢？

①異常長的感情線

感情線的長度表示愛情的深度，如果出現一條延伸到手掌外緣，特別長的感情線時，這種人愛情的表現法可能略微過度。當意中人與其他異性交談，即會有窒息般的嫉妒感，若不隨時確認彼此的愛情則感到不安。這種態度只會令對方感到無奈，原本歡歡喜喜的愛情也會變得陰沉而難耐。相反地，感情線特別短的人，生性冷淡，凡事以自我為中心，較不容易被愛情沖昏了頭。

②延伸到土星丘的感情線

這是標準長度，並不表示愛情淡泊，但是，任性自為，會令對方感到疲勞的類型。歇斯底里而嫉妒心強，一一揣測對方的行止，但對自己風流的作為卻無所謂，同時還具有一旦厭倦即丟棄的冷酷。

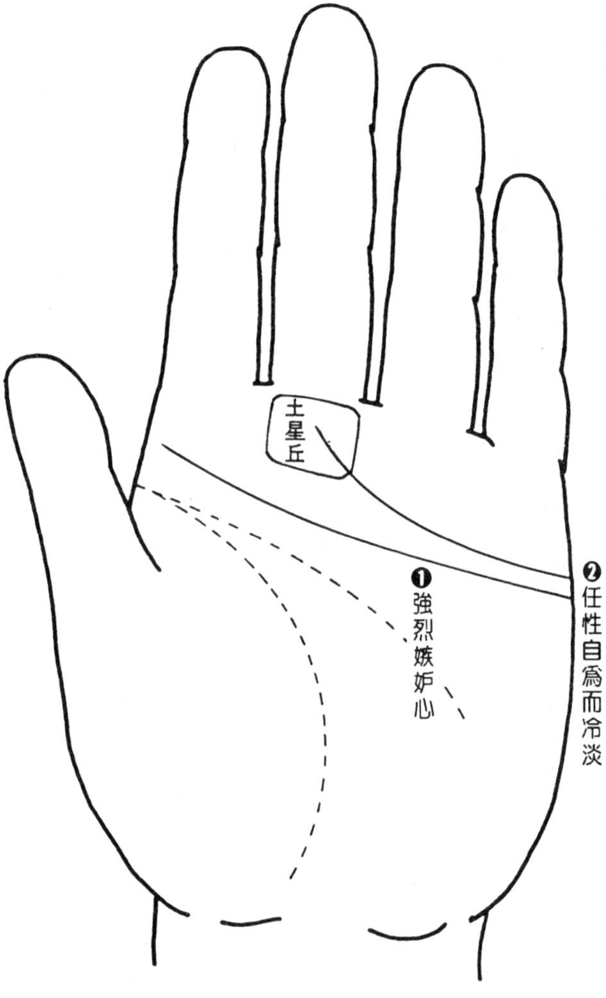
土星丘
❶強烈嫉妒心
❷任性自爲而冷淡

●愛情陷入破局之相

即使戀愛中的兩人多麼地喜愛對方，但情侶間常有意想不到的災難或令人心酸的離別。如何熬過這些試煉，孕育更爲堅定的愛情，或斬斷情絲另求新歡，決定者乃是你自己。

①在土星丘下呈斷裂的感情線

情投意合的佳侶，卻有令人悲傷的破局……。而且，有如小說上所描述的，情投意合的佳侶竟然是「兄妹」或「仇敵」之類，爲命運捉弄的悲劇。

②出現島紋的感情線

原本相親相愛的兩人，可能爲小事起爭執，或突然離別。當然，可以重休舊好，不妨給彼此一段冷卻期，給雙方重新確認感情的機會。

③出現許多朝下支線的感情線

感情線上的支線若朝下，暗示感情單向進行，或即使展開交往也無法持久。

④感情線的尾端被短線遮攔

表示因疾病、死亡等不幸的事件而結束愛情。

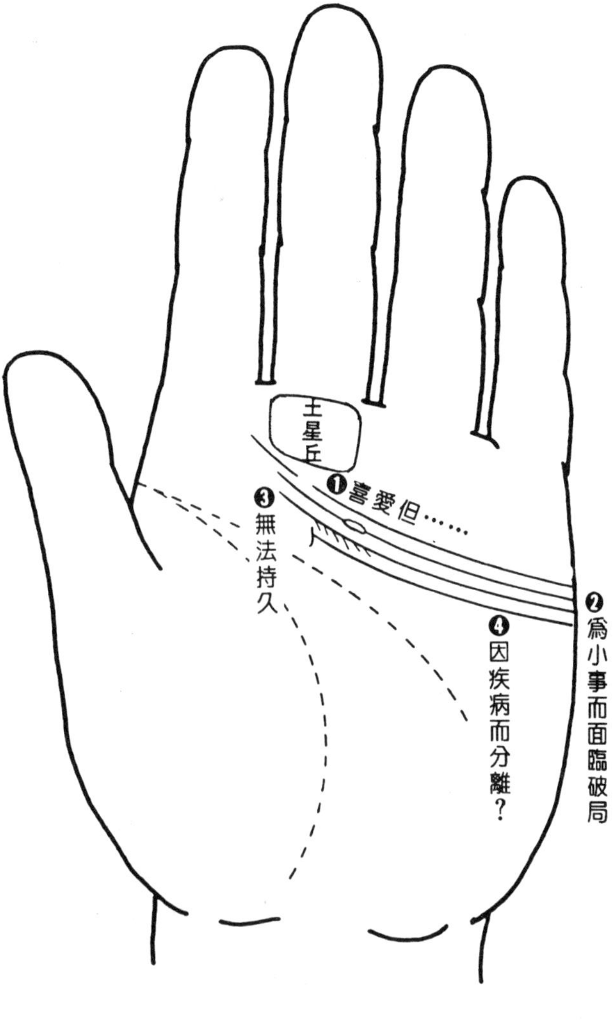
土星丘
❶喜愛但……
❷爲小事而面臨破局
❸無法持久
❹因疾病而分離？

●奔放的戀愛之相

討厭束縛、率性自爲的性格，雖然在旁人眼中也具有魅力，但一旦有這樣的情人，只會令人心驚膽跳、吃盡苦頭。請仔細觀察自己或情人的手相，看看是否出現這類徵兆。

①複數的金星帶

手上出現數條金星帶，而智慧線顯得薄弱時，表示無法以單一異性爲滿足，隨時需要複數的異性。但卻不會遭人埋怨、記恨，能和大家和平相處，也許這也算是另一種才能吧。

②呈鎖鍊狀的感情線

擁有此相者，行動作爲常隨心所欲，往往令旁人感到頭痛。愛作夢、幻想，無法腳踏實地的生活。在愛情方面也是一樣，無時不刻地追求新的異性，一見鍾情乃是家常便飯。意外的是，此相以女性居多，可稱上瑪麗蓮夢露型手相。

③末端斷裂爲數條的感情線

喜新厭舊、易冷易熱的類型。心情不定，戀愛對象也一再地改變。

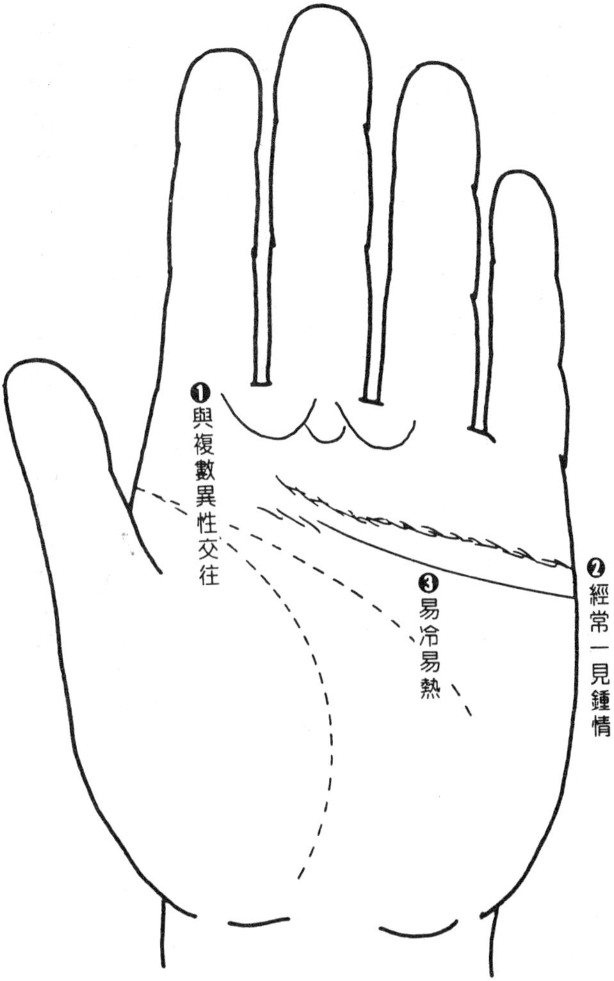
❶與複數異性交往
❷經常一見鍾情
❸易冷易熱

●因婚外情、三角關係而煩惱之相

夫婦關係中，最令彼此在意的是婚外情，這類不正常的戀情似乎有日益增強的趨勢。而辦公室裡的不正常戀情或三角關係等也時有所見，但有人卻膽敢一頭栽進這類危險的戀情中。你的手上是否出現這些徵兆？

①極端分離生命線的感情線

一旦喜歡上某人，即使對方已有妻室也不引以爲意，爲愛情勇往直衝的類型。不顧前後、缺乏思慮。戀愛關係中也應有體貼對方立場的溫柔。

②紊亂的感情線

感情線紊亂是具有豐富感性的吉相，但也有程度上的差別。如果紊亂至不清楚輪廓的感情線，是缺乏理性，隨感情起伏而行動的人。可能擅自闖進沒有結果的愛情而遍嘗苦澀。

③在土星丘下急降而下的感情線

似乎性格多半是以自我爲中心的人。在戀愛方面常率性自爲，因而容易陷入三角關係或四角關係。但即使出現上述的手相，若有清晰而穩健的智慧線或金星丘特別厚實者，會在陷入感情之前及時回頭。或以堅強的意志與行動力克服困難，成就愛情。

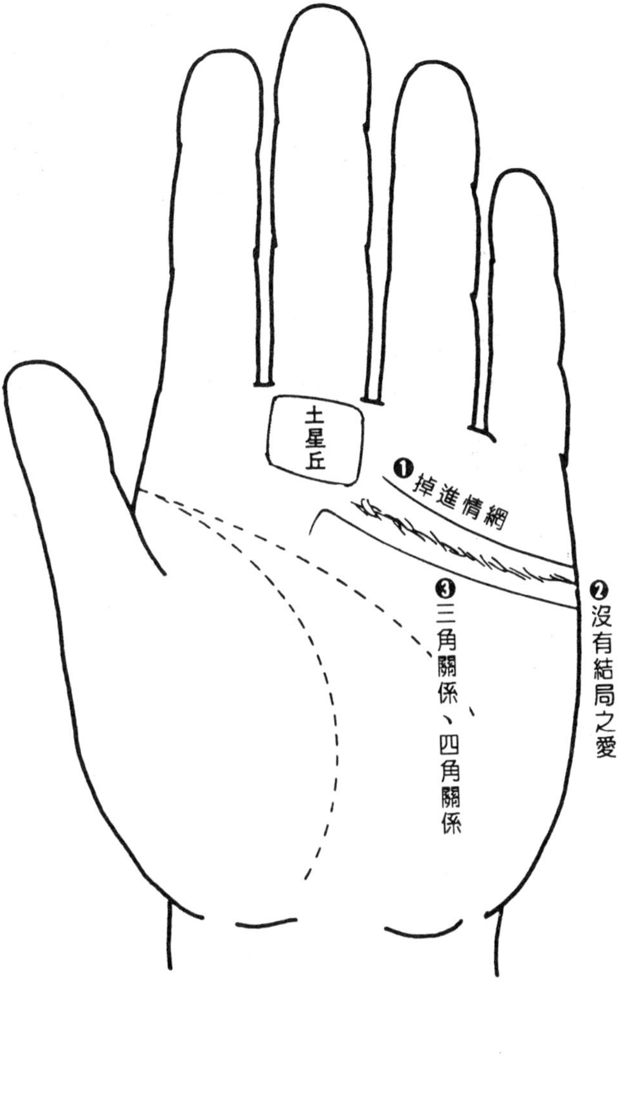
土星丘
❶掉進情網
❷沒有結局之愛
❸三角關係、四角關係

●性虐待、性被虐待、變態之相

世界上有形形色色的愛情模式，並不可一概而論何種為正常或異常。但是，特別嗜性者，與對性抱持一般觀念者應該處不來。因此，在此為各位介紹幾個較具特色的手相。

①朝下滑落的鎖鍊狀感情線

具有許多變態要素的人，應特別留意。如果朝向內側，恐怕發展成性犯罪。有此相者而手指略微變形且粗短時，異常傾向更為強烈。當然，可以因當事者強烈的意志或周遭者溫暖的愛情充分地預防，也可能摘除惡根。

②感情線的支線到達智慧線且呈分叉時

這是現今已不足為奇的同性戀者常見之相。

③另一條感情線朝下滑落而與本線交合時

目前少年犯罪已成為社會的重大問題，而這種手相是十幾歲時期就有性問題的人。青蘋果的年紀似乎也應有正確地面對社會及成年人世界的處事之道。

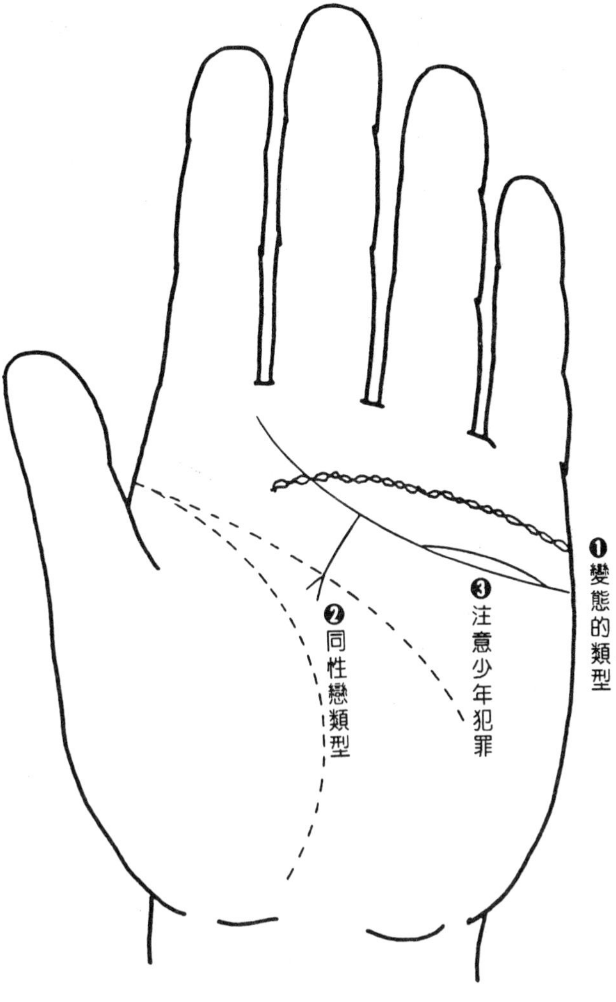
❶變態的類型
❷同性戀類型
❸注意少年犯罪

●好性之相

在戀愛或婚姻生活中，性生活是非常重要的要素。只要觀察手相，即可一目了然自己將有何性生活、性能力如何等自己難以判斷的性事。

①雙重感情線

有時會看見感情線出現兩條，這種人愛情特別豐富、精力也超群。尤其是擁有此相的男性，具包容力且體力十足，以渾身的精力熱愛女性。天生具備的充沛活力也發揮在工作上，社會信用極高。女性被有此手相的男性所愛，可稱得上是幸運者。

②厚實的金星帶

感情線上方半圓形狀的線紋稱為金星帶，手上有明晰的金星帶者，感情極為豐富，強烈地吸引異性。性慾也旺盛，與異性的關係似乎頗多采多姿。此種手相上若有漂亮而清晰的智慧線，官能魅力會昇華成了不起的藝術。相反地，智慧線若平弱，只是單純的好色之相。

③出發點呈掃把狀的感情線

體力十足、性能力強又有持久力。如果金星丘厚實，有出現許多細小的縱紋，性生活應相當地圓滿。

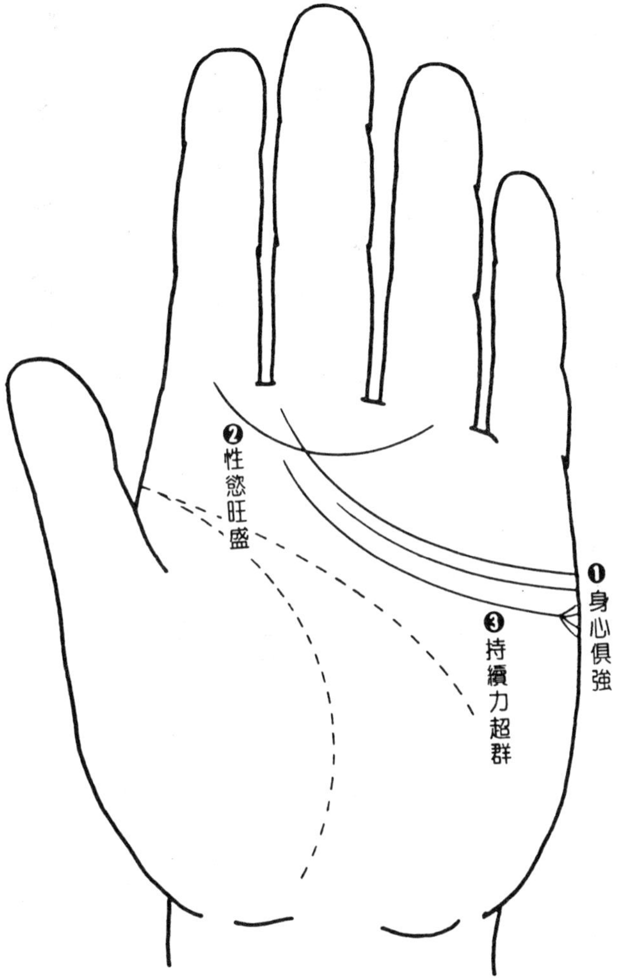
❷性慾旺盛
❶身心俱強
❸持續力超群

●沉溺於性慾之相

雖然性也是重要的溝通方式，但如果沉迷其中而造成日常生活的障礙，倒是令人傷腦筋的事。有些人把性當做一種遊戲，但筆者認爲，身心的結合才能增加彼此的滿足感吧。

①**進入智慧線中央的短感情線**

無法互敬互愛的類型。接近異性只爲了性，把異性當做性慾的宣洩口。

②**位置較低呈鎖鍊狀的感情線**

起點低於一般的標準位置，而感情線本身呈鍊鎖狀者，是以性愛爲人生樂趣的類型。腦海中只盤旋著如何獵獲更多的異性。

③**停止於食指與中指之間，終點出現數條縱紋的感情線**

這種類型缺乏道德觀，很容易走向混亂的性愛關係。

④**短小的感情線**

感情線只到達中指附近的人，如果手掌厚實柔軟，會把戀愛當做遊戲，毫不顧慮彼此間的精神契合。

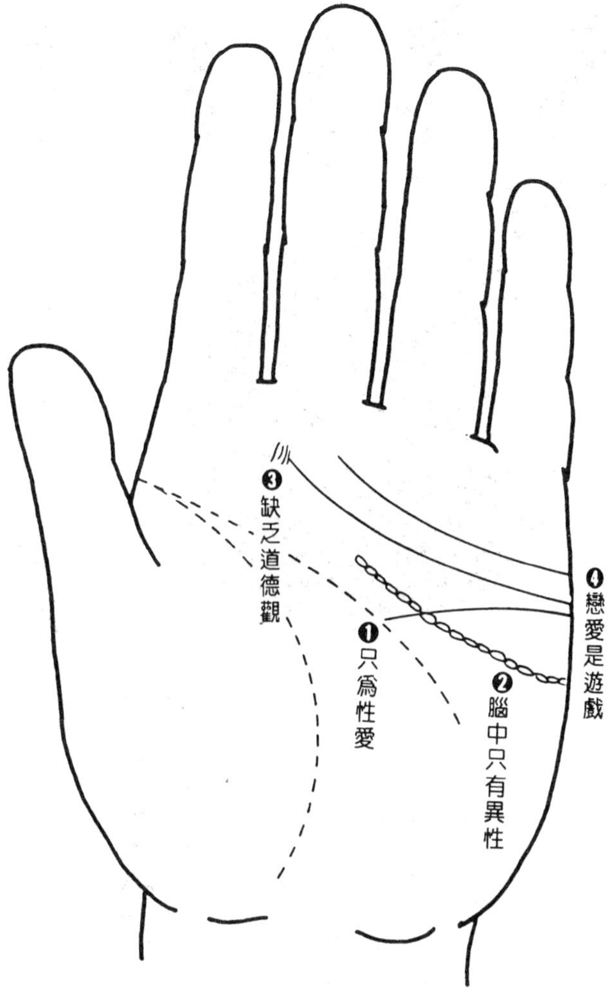
❸缺乏道德觀
❶只爲性愛
❷腦中只有異性
❹戀愛是遊戲

上伸到太陽丘的太陽線——有大成功運

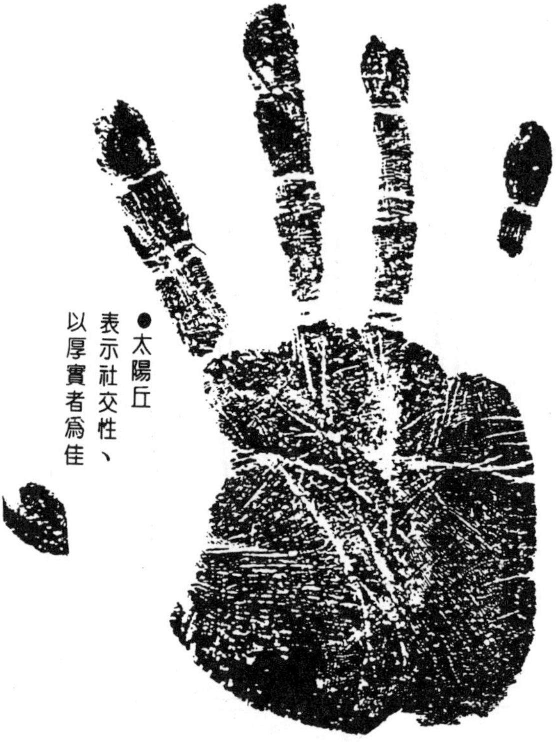

●太陽丘
表示社交性、以厚實者爲佳

後藤幸一　電影導演　42歲

從生命線和月丘呈一直線狀延伸到太陽丘的太陽線最好。

從生命線出發的線，表示除了自己的努力外還能獲得配偶的協助，而起自月丘的線紋則表示可獲得第三者、朋友、同事的協助。換言之，經歷再多的波折也能擁有成功（地位、名譽、財產）。

這是俗稱「運勢強者」的類型，但如果怠惰努力，太陽線也會消失，應謹記在心。

第二章

結婚運的占卜

●早婚之相、晚婚之相

出現在小指下水星丘上的橫紋稱爲婚姻線。據說水星丘是和荷爾蒙關係極爲密切之丘，因而和性或婚姻也密切相關。

當然，最近有許多同居不婚的夫婦或情人關係的配偶，因而婚姻線也涵蓋這類男女關係。

同時，婚姻線有時也會表示婚前的交際或同居等狀況。因此，並非手上有三條婚姻線，即表示會三次結婚。一般是以最長且清楚的線紋做爲結婚的判斷。

未婚者最在意的是將有何婚姻生活及何時結婚的年齡問題。有關婚姻生活這一點，可以從婚姻線略窺一二，但卻無法準確地說出結婚的年齡或時期。不過，婚姻線偏離小指而越接近感情線，表示較早婚（①）。相反地，越接近小指則是晚婚（②）。

對於已婚者而言，婚姻線會據實地表現目前夫婦間的關係或心理狀態。我認爲婚姻線是思索未來生活的重大參考。

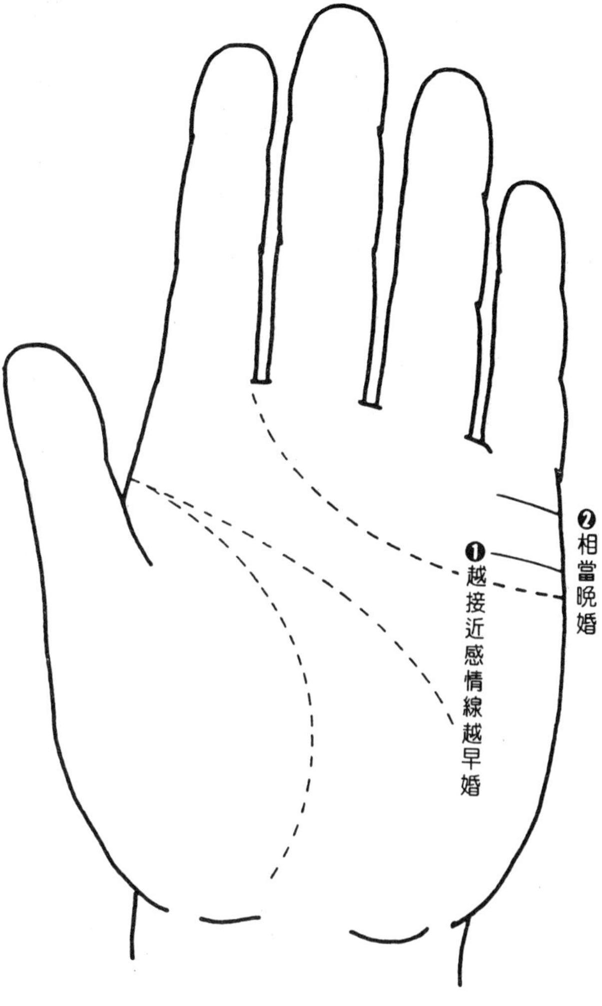
❶越接近感情線越早婚
❷相當晚婚

●相親結婚之相、戀愛結婚之相

最近的年輕人，各個崇尚戀愛結婚，相親結婚似乎有落伍的傾向。你的手相會告訴你，是否是經過一段命運式的戀情而走上紅毯的一端，或婚後再慢慢培育愛苗。

①左右同位置的明顯婚姻線

左右手同位置上刻有外型齊整而清楚的婚姻線者，將遇得一位如意郎君（美嬌娘）在一番轟轟烈烈的熱戀後結婚。婚後感情不會冷卻，可以互敬互愛直到白頭偕老。

②明瞭的婚姻線和厚實的月丘

擁有清楚而長的婚姻線，而月丘厚實又有許多細紋者，將與條件最好的異性走上幸福洋溢的戀愛婚姻大道。相反地，月丘上幾乎沒有線紋者，很難與異性結合。原因可能是自己的性格或容貌，也可能是工作關係鮮少有機會與異性接觸。但是，只要不忘了隨時磨練自己的努力，親戚或上司應會提供一段良緣。

③下降而朝手腕中央延伸的智慧線

這種類型具有孤癖，對異性顯得內向而消極。通常會由第三者的介紹而決定婚姻伴侶。

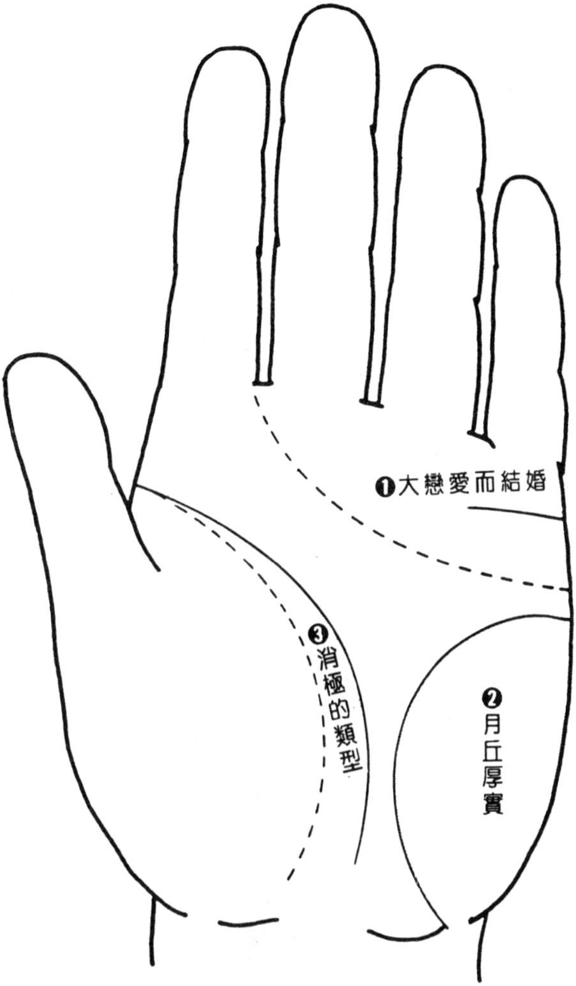
❶大戀愛而結婚
❷月丘厚實
❸消極的類型

●幸福婚姻之相

任何人都渴望和最優秀的人過著美滿的婚姻生活。如果你的手上出現此相，幾乎已有此保證。接下來全看彼此如何努力地去持續這段幸福的婚姻。

①朝太陽線上升而與太陽線合流時

婚姻線上升是幸運之相，既然和太陽線合流自是吉相。這是任何人都嚮往的攀龍附鳳的婚姻類型。若是女性，將有人格優越且富有的青年實業家，開賓士轎車前來迎接吧。若是男性，極有可能與貌美的董事長千金結合，前途一片光明。

②徐緩上升的婚姻線

婚姻線呈徐緩的曲度而上升時，將與價值觀、嗜好吻合者結婚，婚後可以持續互敬互愛的美妙關係。如果對方手上也有此相，此外大概沒有更好的對象了。

③支線末端到達太陽線的婚姻線

婚後對伴侶更爲尊敬並產生愛情之相。

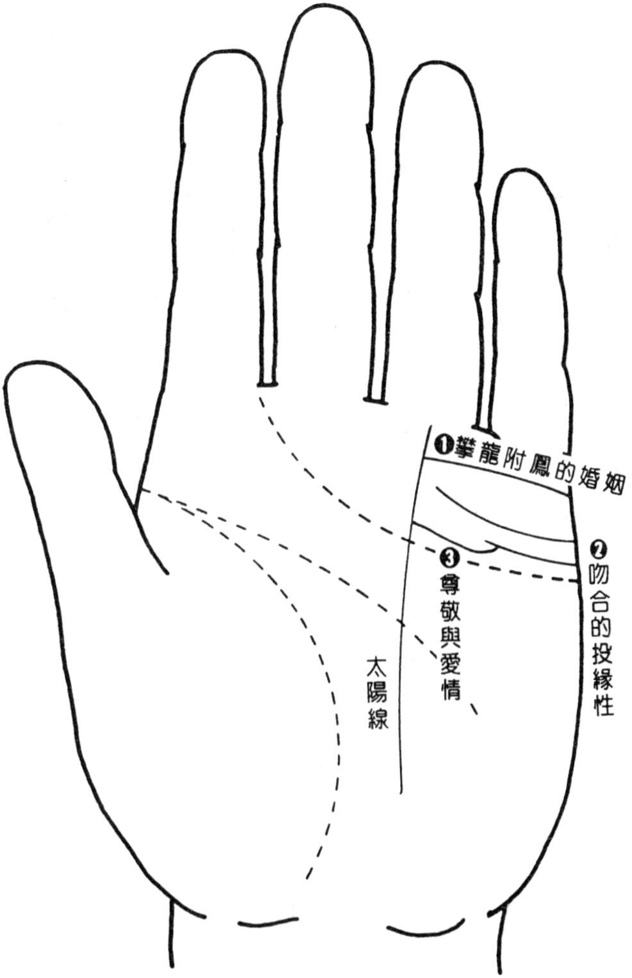
❶攀龍附鳳的婚姻
❷吻合的投緣性
❸尊敬與愛情
太陽線

●戲劇型婚姻之相

有人說「事實比小說更爲神奇」其實人生本就是一齣戲。你的手上若呈現此相，乃是戲劇中的英雄或主角。雖然過程一波三折，但人生卻是精采有趣。

①同樣粗細長短的兩條婚姻線

如果有兩條型態完全相同的婚姻線，表示會二次結婚。小指上的紅線牽引兩段婚姻。雖然第一次婚姻並非彼此憎惡而分手，但第二次的婚姻將獲得更大的幸福，令人欣羨不已的手相。

②出發點分叉爲二的婚姻線

有如戀愛戲劇所描述地一般，經過幾番曲折迂迴後才結合之相。正因爲超越許多障礙與苦難，彼此的感情更爲堅定。

③起自婚姻線的細紋與土星丘的十字銜接時

這是一齣懸疑劇場。配偶是生活上的阻撓，甚至令人感到殺氣之相。

④下降的婚姻線與感情線交叉時

表示與所愛的人永遠分別（死別）。

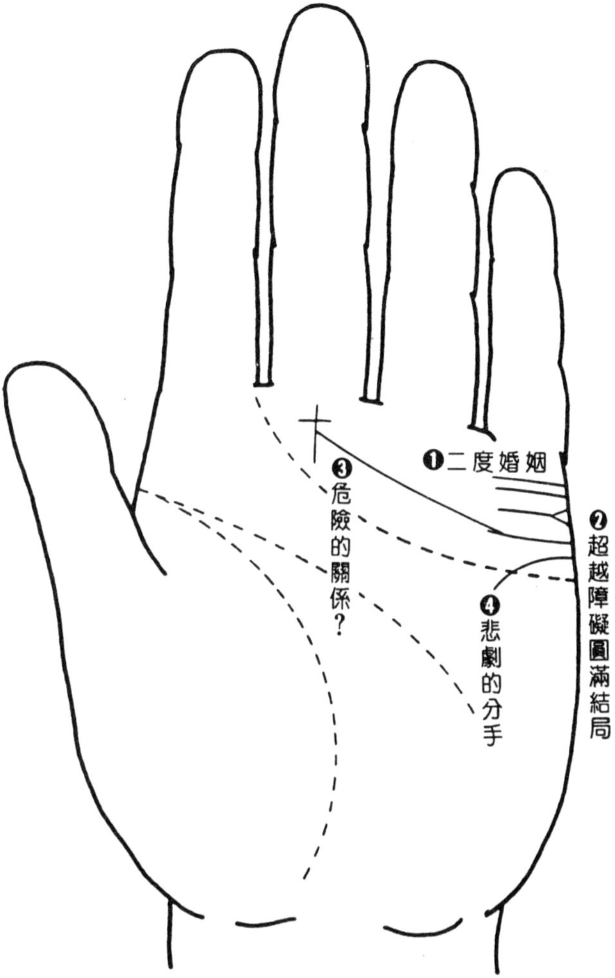
❶二度婚姻
❷超越障礙圓滿結局
❸危險的關係？
❹悲劇的分手

●風流之相

「風流是男性的天性」這乃是落伍的說詞，最近反倒是女性常有不軌的舉動。偶而的戀愛遊戲倒無妨，但若不適可而止，恐怕會像因女性問題而被迫下台的政治家一樣，吃不完兜著走。

①刻著平行細紋的婚姻線

婚姻線的近側出現與之平行而顯得薄弱的線紋時，表示愛上配偶以外的異性，通常已發展到肉體關係。有時會出現在上側而有時在下側。

②數條婚姻線

一般婚姻線不止一、二條，但如果出現五條以上，乃是相當花心的人，婚後對不同的異性感興趣，而會造成某些問題。如果其中有一條特別長又深刻的婚姻線，將與最愛的人結合，不再朝三暮四，但如果所有的線紋強弱類似，一生將無法遇見由衷喜愛的對象。

③兩條婚姻線中一條朝上，另一條朝下時

雖然對婚姻伴侶有充分的愛意，卻也受其他異性吸引，同時愛上兩個異性。如果不採取專一的態度，恐怕魚與熊掌盡失。

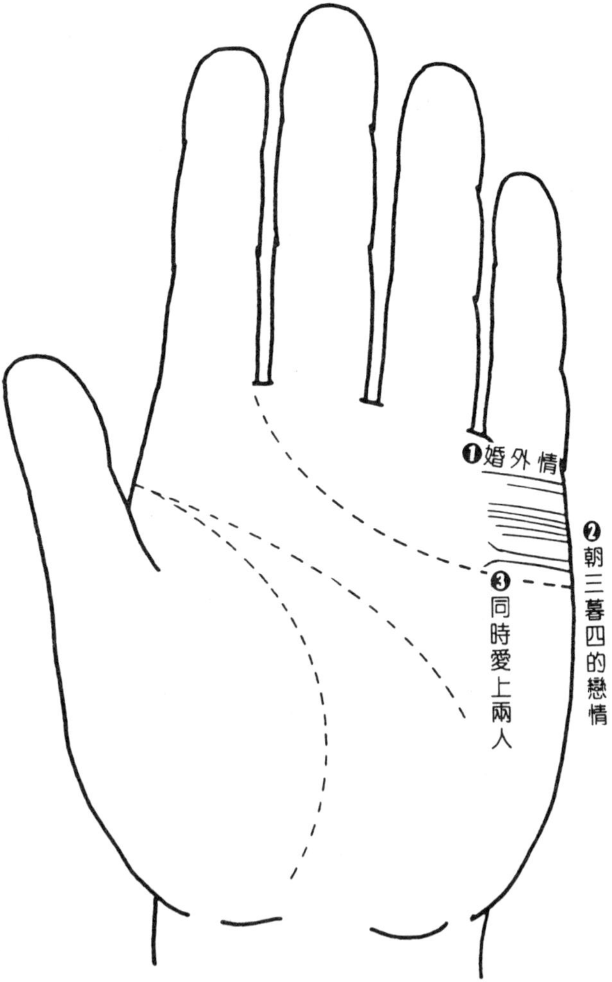
❶婚外情
❷朝三暮四的戀情
❸同時愛上兩人

●分居、離婚之相

漫長的婚姻生活中，因彼此的不滿或感覺上的出入，有時也會出現危機。一般都會藉由冷靜的溝通或尋求對對方的理解而突破難關，但也有可能發展爲分居或離婚。

①末端分叉爲二的婚姻線

因某事而分居或同在一個屋簷下卻貌合神離。如果是因單身赴任或疾病等不得已的原因而分居倒無所謂，但似乎通常是感情上的糾紛。分叉點朝下而分叉越大時，極有可能發展爲離婚。

②末端出現島紋的婚姻線

島紋出現在任何線上都是不好的徵兆，如果出現在末端是象徵分居。如果不及早提出對策，恐怕會演變至最壞的結果。

③蛇行的婚姻線

擁有此相者剛開始的結合即失去契合感，新婚時代的不滿或性格上的不一致一直懸而未決，似乎已難以修復。從分居演變到離婚的機率極高。

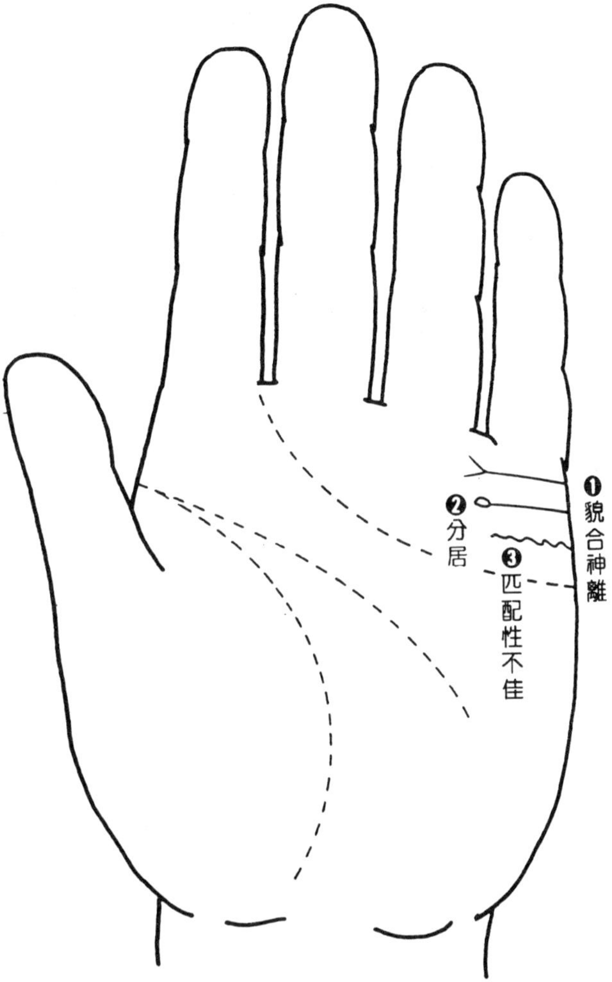
❶貌合神離
❷分居
❸匹配性不佳

●陰錯陽差的婚姻之相

據說夫妻間的倦怠期是在三年、五年、七年等奇數年。但也有夫婦的感情是，逐年深厚。夫妻之間的相處之道，最重要的是，不要挑剔對方並致力於讓自己隨時顯得光彩耀人。

①出現斷裂的婚姻線

原本是追求幸福而開始的婚姻生活，卻漸漸對配偶感到厭倦，不再有愛情的徵兆。

②中間出現島型的婚姻線

二人之間已有隔閡。若置之不理，不久也有可能不得不採取分居的形式。

③婚姻線上出現數條下降的支線

因婚姻伴侶過於忙碌或體弱多病，使得彼此產生隔閡無法心連心。也許會因此日增寂寞感，對婚姻生活帶著疑問。

④末端呈掃把狀的婚姻線

某一方起伏的情緒或任性造成對方的不快，結果使彼此的感情疏離。

⑤下降的婚姻線

表示夫妻間的倦怠感。

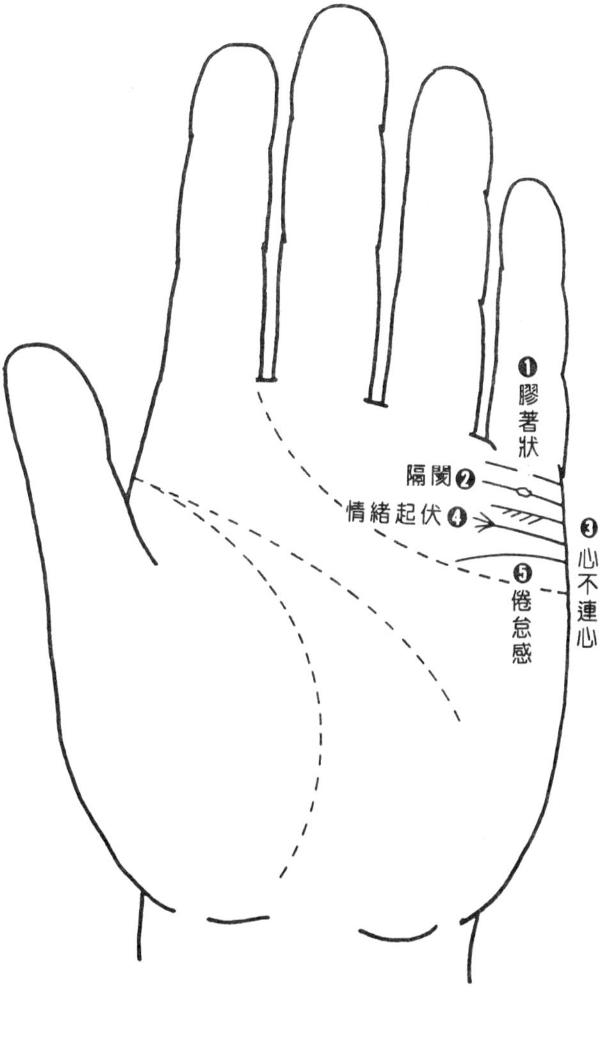
❶膠著狀
隔閡❷
情緒起伏❹
❸心不連心
❺倦怠感

●擁有愛人之相、成爲愛人之相

相信任何人都渴望擁有爲衆人所祝福而幸福的婚姻，但出人意外地婚姻生活中常會出現隱藏在背地裡的另一個人。如果你的手上出現此相，表示具有這個要素。

①和金星帶交叉的婚姻線

手上有明顯的金星帶，又與婚姻線交合者，具有強烈的性慾望，非常熱情。此相若出現在男性手上，表示無法以妻子爲滿足。會有第二位、第三位暗中往來的情人。而女性也經歷許多愛情的歷鍊，即使婚後仍然有牽扯不清的關係。

②兩條互相接近的婚姻線

出現兩條幾乎連接在一起的婚姻線者，很容易陷入與已婚者的戀愛關係，因而常成爲第二號人物。而婚後難以忘懷舊時情人的人，手上也容易出現此相。

③金星帶

中指下方出現半圓形，此半圓形若清晰且無斷裂痕，是屬於對異性極爲關心的獵豔者。同時，具有討厭受形式束縛的生活型態的傾向，不論男女都無法正式的結婚，通常會選擇成爲愛人的角色。

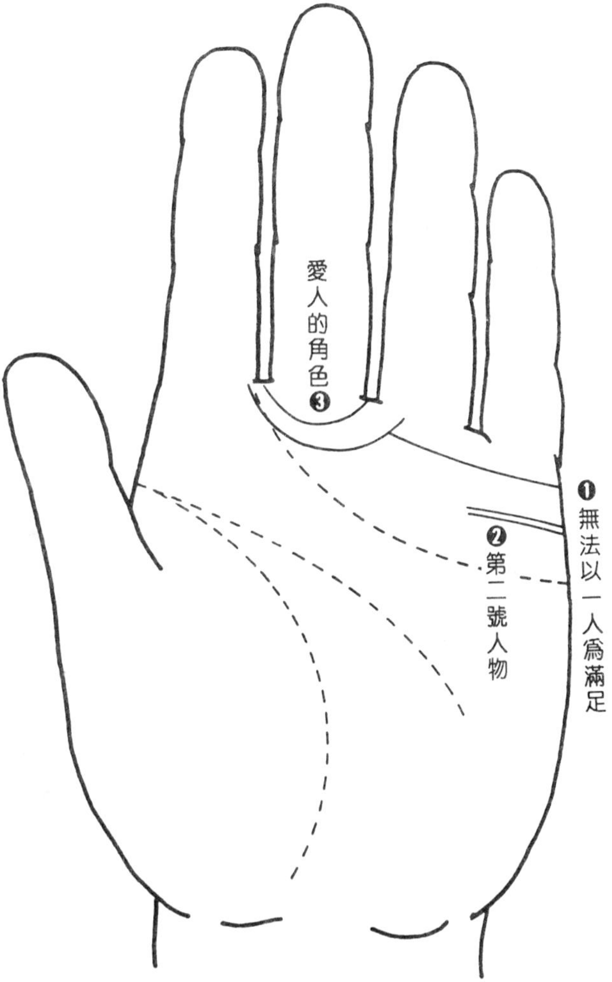
愛人的角色❸
❶無法以一人為滿足
❷第二號人物

●婚姻遭受反對之相、因婆媳問題困擾之相

男女二人歡歡喜喜走上紅毯一端的過程中，通常會有各式各樣的障礙尾隨。其中之一是家人或朋友的反對。而經歷挫折、突破難關終於結婚的人，也可能因與對方家人相處的問題，過著每天痛苦煩惱的日子。

①從金星丘出發的線紋與婚姻線接合時

這是你的家人或情人的家人對你們二人的婚姻表示極大反對的徵兆。當然，憑著你們二人的努力也有可能走向婚姻之路，但婚後極有可能發生糾紛。

②被小縱線切斷的婚姻線

這也表示婚姻不受到親戚或周遭朋友的祝福。但如果婚姻線本身強而有力，足以超越這些障礙，貫徹彼此的愛情。但如果婚姻線顯得薄弱而下降，極有可能被迫放棄這段婚姻。

③具有斑點的婚姻線

夫婦生活中常有糾紛，通常原因是與配偶的親戚如公婆之間的問題。彼此應充分地溝通直到信服，也必須有體諒對方的生活態度。

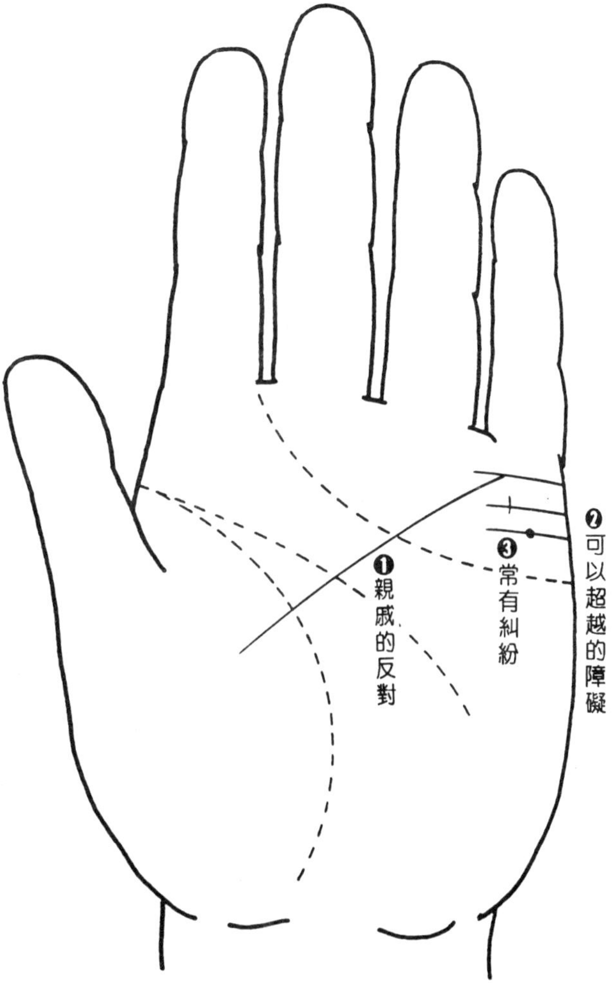
❶親戚的反對
❷可以超越的障礙
❸常有糾紛

●難以結婚之相

由於有越來越多的女性以工作爲職志而不談婚姻，使得渴望結婚卻沒有對象的男性日漸增多。其實，所謂的適婚年齡乃由自己所決定。應重視自己的婚姻觀，不必爲世俗的眼光所左右。

①尾端上揚的婚姻線

表示與婚姻無緣或毫無結婚的念頭。如果懷抱壯志而投入工作中，很容易出現此相。神父或僧侶常見此相，也是這個緣故。已婚者若出現這種婚姻線，可能是因工作的關係或疾病而造成分離。

②由數條縱線形成格子狀的婚姻線

單身女性常見的手相。表示婚姻遙遙無期或至少在一年內不會結婚。不過，此相者深獲異性喜愛，常有各種誘惑。一旦出現意中人，格子狀會慢慢消失而變成一條清楚的婚姻線。

③尾端被一條短的縱線攔住的婚姻線

雖然可接觸到各種良緣，卻是過猶不及無法登對。不慌不忙耐心地等候吧。

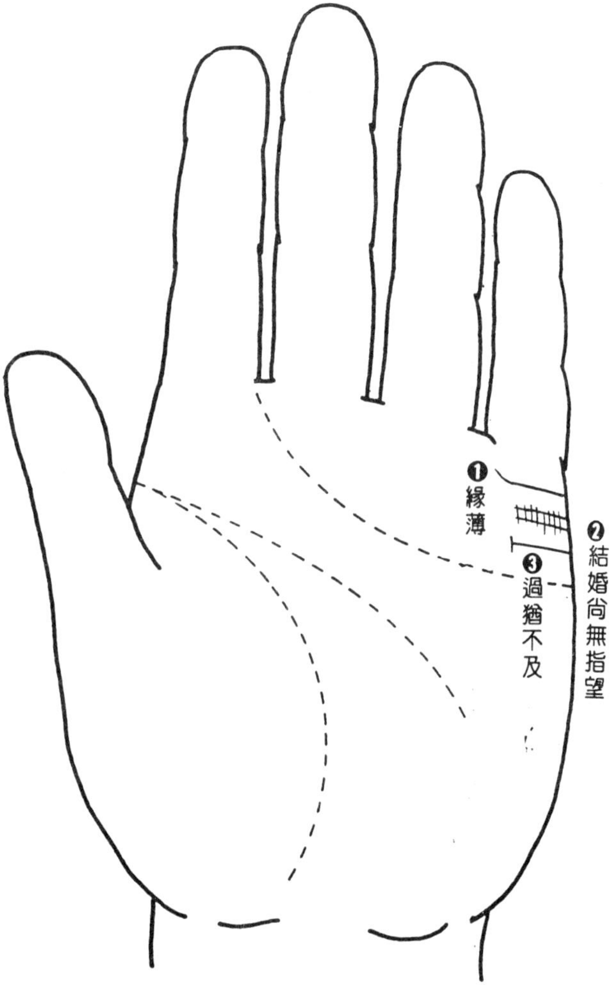
❶緣薄
❷結婚尚無指望
❸過猶不及

●夫妻出外工作之相、女人當家之相

最近的女性似乎可分爲婚後持續工作的「松田聖子型」，及以家庭爲重的「三蒲百惠型」，不知您是屬於那一種類型？婚後的生活設計也是重要的問題。應該確實掌握自己的適性，建立適切的計劃。

①末端在小指下側上揚的婚姻線

此相的女性充滿著活力，給人難以安於家室的感覺。最好不要選擇婚姻之路，傾注全力在工作上。但女人總渴望與所愛的人過著幸福的生活。請利用充沛的體力與才華，兼顧家庭與工作。

②強而有力的命運線和智慧線

如果這兩條線紋都清楚而有力的出現在手掌上，表示工作能力強過男人，社會不會將你束縛在家庭的小範疇內。雖是女性，卻具備擔任管理職的實力。

③一條清楚的婚姻線

一般的人都有二、三條婚姻線，如果手上只有一條清楚的婚姻線，不論男女都是最重視家庭的人。尤其是男性的手上出現此相，家庭一團和樂，唯妻子言聽計從。

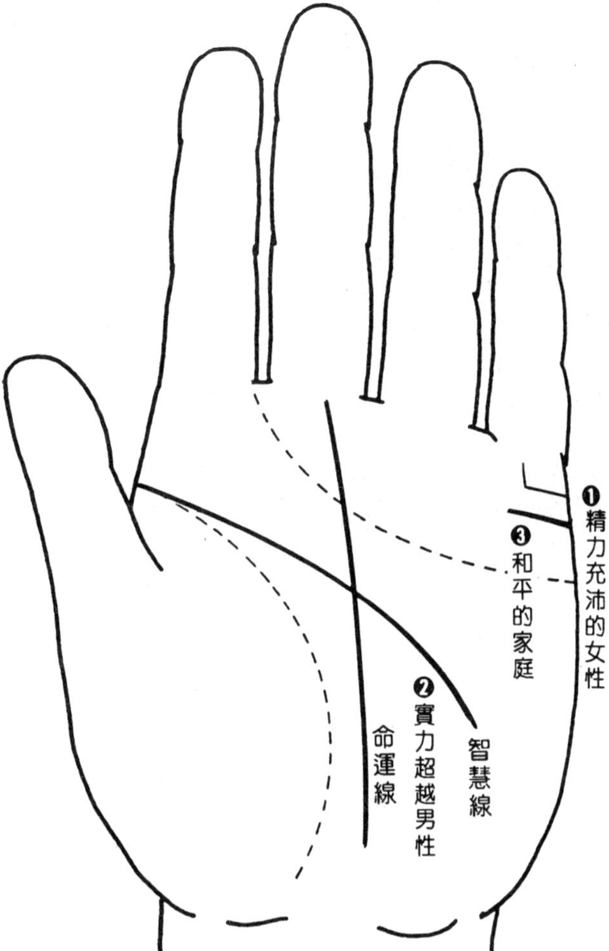
❶精力充沛的女性
❸和平的家庭
❷實力超越男性
命運線
智慧線

與生命線分離而上升的命運線——獲得他人的協助

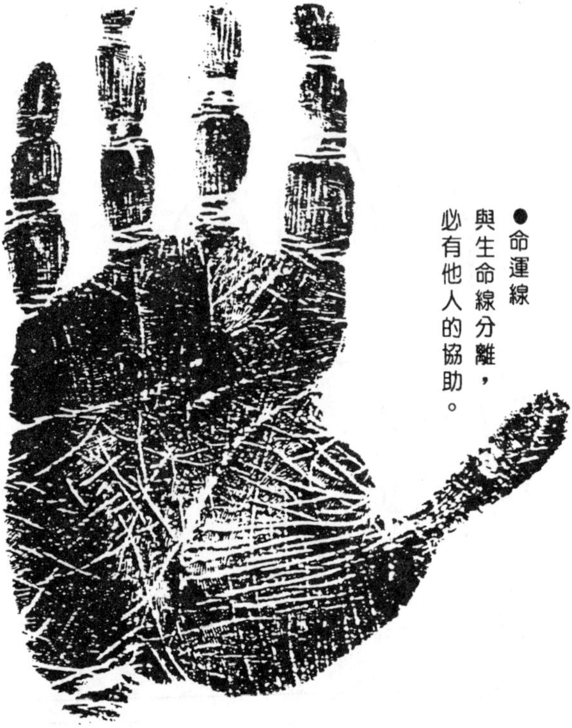

●命運線
與生命線分離，
必有他人的協助。

福山一夫　演藝人員　26歲

雖然成年以來經歷各種辛苦、挫折，但這些辛苦有朝一日會獲得回報。因爲，命運線與生命線分離而往上升。

這種人雖然與父母緣薄，卻會因旁人的協助而成就事業。

上圖手相的主人在十六歲時父親亡故，十八歲自己一個人到東京打天下。目前是深受朋友們信賴的人緣者。

手上也出現太陽線，將來必有大成。

第三章
財運的占卜

●你有財運嗎？

坐擁附有游泳池設施的豪宅，搭乘勞斯萊斯……，人生在世任誰都渴望有這麼個機會享受如此豪華、優雅的生活。

但現實生活中物價一路飆漲，不提有游泳池設施的大宅院，就連購置兩房一廳的鳥籠屋也日漸困難。

處於如此嚴苛的社會中，任何人都渴望擁有生財之道，想辦法得知如何才能賺錢或積蓄財富。而占卜各位財運的是財運線。

財運線是出現在水星丘下方的縱紋，財運線越粗大表示越有財運。但光憑此條線紋難以做眞確的判斷，通常要一併分析命運線、太陽線及智慧線。因爲，財運和個人運勢的強弱或性格、資質也有重大的關係。換言之，最重要的是分析其他各個線紋做綜合判斷。

此外，水星丘的張力或伸手方式，也會表現個人的財運。所以，不要因爲手上沒有財運線而感到失望。你還有許多被財神所眷戀的機會。

第三章　財運的占卜

●成爲億萬富翁之相

再多也不會困擾的是金錢，但有以下手相者可非同小可，是人人欣羨而效法的對象。

①命運線、太陽線、財運線合而爲一而上升時

此三線若粗大而不紊亂，表示財運大吉。是富翁中的富豪之相。在此強而有力的三線防護下，做任何事都能登峰造極，可說是最佳的手相。

②雙重智慧線

手上深刻著兩條清楚有力的智慧線，會因天生的才華與靈感而賺大錢。不僅精打細算也充分具備知性與教養，屬於多才多藝型的人。

③從智慧線出發的財運線

富有掌握時代先機感性的智多星。因獨創的企劃而領導時代積蓄財富。

④智慧線從手的一端橫越超過另一端時

此線特稱爲平斗線，歷史上有不少大人物都具有此相。它又稱爲「百握之相」生性貪慾，至死也不放手已擁有的事物，利之所趨從不鬆懈。也能發揮積蓄財富的卓越才能。

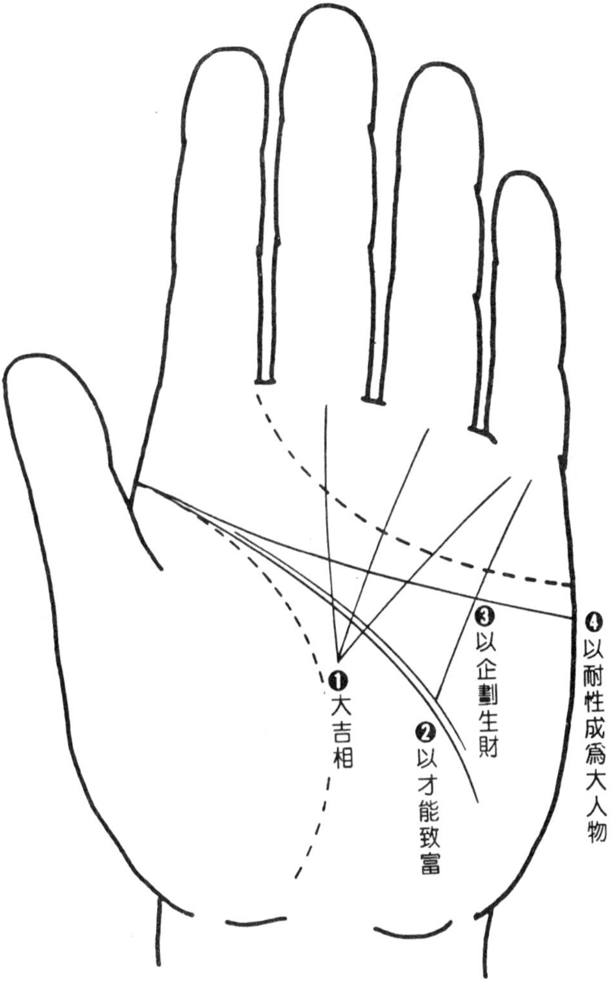
❶大吉相
❷以才能致富
❸以企劃生財
❹以耐性成爲大人物

●擁有商才之相

分析是否具備商才，水星丘的張力或智慧線的狀態是決定關鍵。而據說小指較長者，也具有卓越的商才。

①由命運線出發的財運線

手上有清晰而有力的命運線、財運線時，表示可以自創事業而坐擁財富。與其在公司組織中生存，毋寧自立開創事業或經營買賣才能找到工作的意義，也有較多的收入，將過著一帆風順的人生。

②智慧線的尾端分叉爲二，前端上升的情況

擅於交際，極懂事故的人。擁有謙虛而洗練的口才，從事推銷員或營業事務必有顯著的業績，獲得相當的收入。即使自創事業，也能以天生卓越的格調獲致成功。

③智慧線在中指以下分叉爲二，一條筆直伸展，一條朝向月丘時

懂得要領且擅長買賣。多數擁有美術方面的才華，選擇設計師或裝潢關係的工作，必可獲得財富。

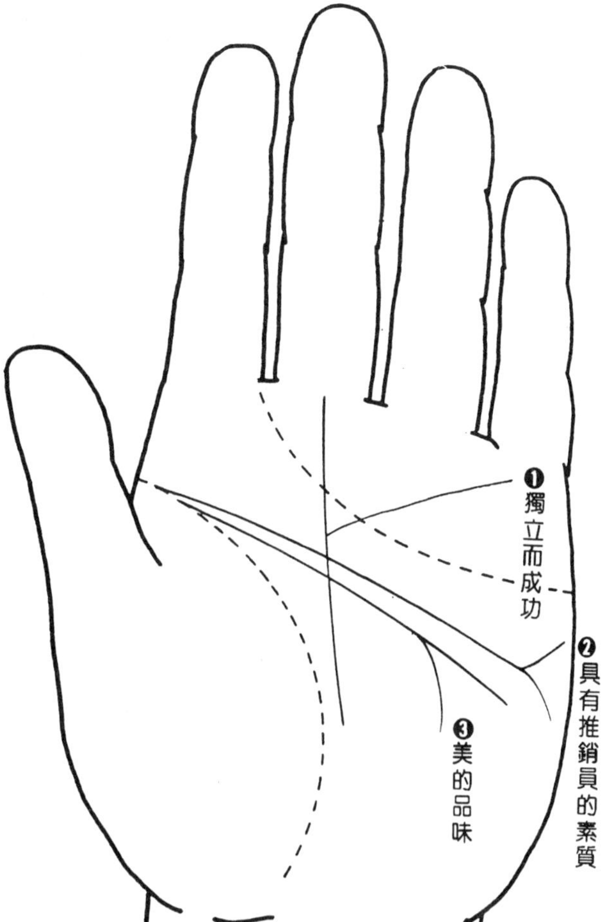
❶獨立而成功
❷具有推銷員的素質
❸美的品味

●腳踏實地掙錢之相

一般平民若要儲蓄財富，除了節儉再節儉之外，別無他法。換言之，捨棄華麗的服飾、可口的美食，汲汲營營、克勤克儉才得以聚富，各位辦得到嗎？

①生命線和智慧線的起點相同，而在食指中間分開的情況

處世小心謹慎，絕不做任何冒險的人。道地務實地積蓄小錢。決定目標後一步步朝前努力的人。

②生命線和智慧線在食指下方分離時

擁有某種程度的成功後也不沾沾自喜，一步步更上層樓而積蓄財富之相。擁有超越常人的向上心，當旁人休閒嬉戲時，仍然專注於工作，不忘努力。

③出發點是火星平原上的太陽線

手上有太陽線，通常不費吹灰之力而擁有幸福，但出發點在火星平原上時，由於曲度過於陡峭，表示在迂迴繞轉之後慢慢地接近成功與財富之路。換言之，是屬於按部就班的努力型，但相對地擁有財富與成功時，內心的喜悅更爲深刻。

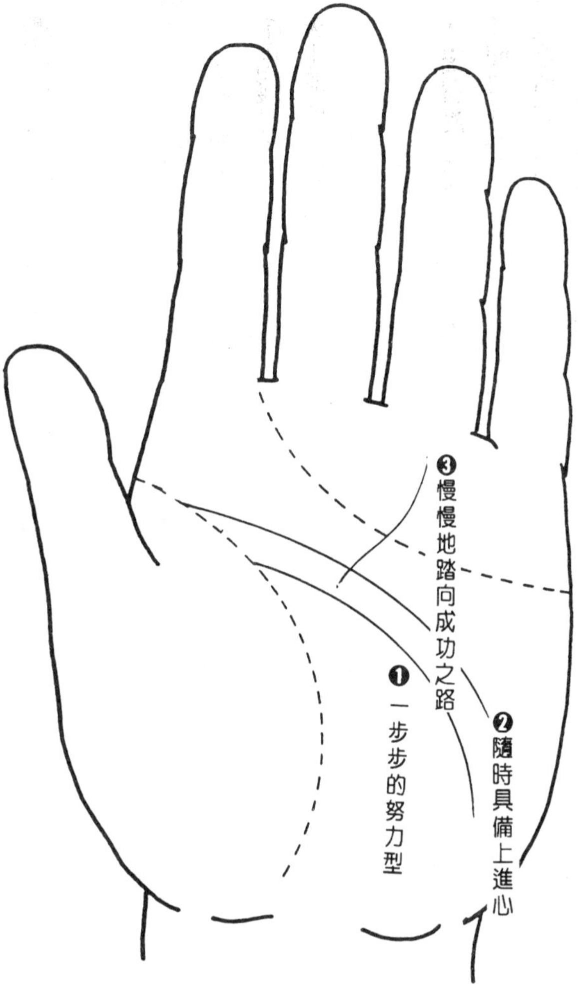
❸慢慢地踏向成功之路
❶一步步的努力型
❷隨時具備上進心

●因人緣、人望而聚財之相

平凡無奇的女孩因踏進演藝圈，成爲衆人仰慕的偶象明星，結果搖身一變爲億萬富翁。這個時代人緣也是獲得財富的捷徑。若要博得人緣，必須有厚實的月丘及從該處上升的太陽線、命運線。如果你的手上也具備這些條件，必有機會一躍舞台成爲巨星。

①出發點在月丘的太陽線

天生開朗而敏銳豐富的感性，博得衆人的愛戴與支持。演藝圈中常見這種手相，通常並非因個人的努力或實力，而是在旁人的提攜、支援下而拓展運勢。人緣扶搖直上，隨之財運節節上升。

②出發點分叉爲二的太陽線

即使自創事業，也有大財主的贊助，或銀行慷慨貸款，不缺金錢上的支援者。這全是當事者人格所致。這也是以人緣爲業而致富之相。

③出發點在月丘的命運線

道地紮實努力的人。但有些人的努力得以回報，有些人卻徒勞無功，而擁有此相者有背地裡的贊助人，能掌握比努力更大的運氣。

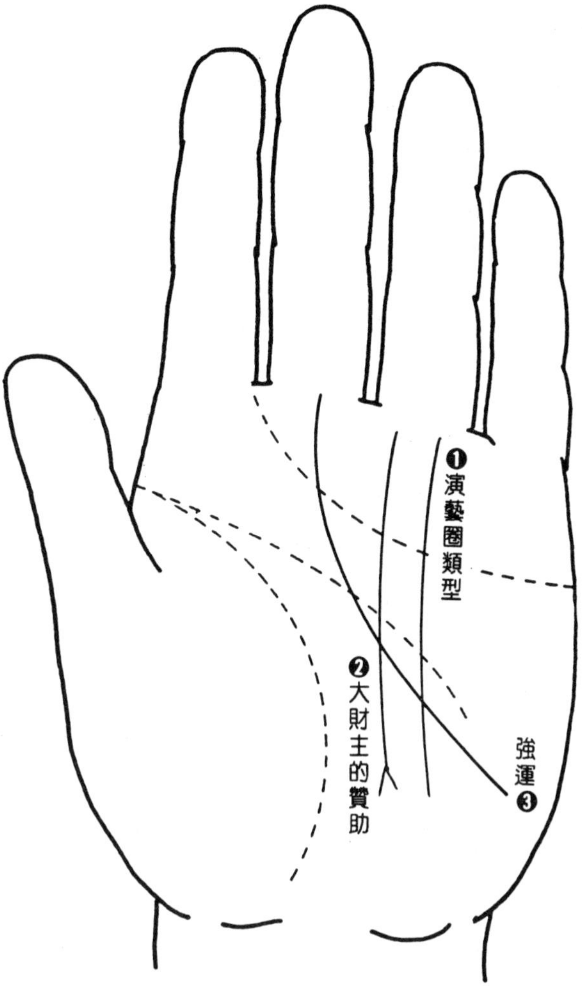
❶演藝圈類型
❷大財主的贊助
強運❸

●因賭博而賺錢之相

相信有多數人都夢想著一獲千金的幸運，但現實社會卻是嚴酷的。不過，這個社會上倒也有天生鴻運，一決勝負下即坐擁財富的人。

①位於水星丘和太陽丘之間的財運線

這是暴發戶爲代表的賭徒之相。財富從天而降，但隨即花費殆盡蕩然無存。

②生命線和智慧線的起點分離三～四釐米的情況

擁有判斷時機的眼力，行動積極且大膽，在緊要關頭一決勝負而大獲利市。

③生命線和智慧線極端分離時

這兩條線的起點若分離五釐米以上，是天生嗜賭者，毫無警戒心、舉止隨便。一旦成功可擁有財運，但挫折後恐怕變得兩袖清風，過著載浮載沉的人生。

④生命線和智慧線在中指以下分離時

和③相反地，警戒心過強而顯得氣度狹小，通常錯失難得的機會，一生與金錢無緣。

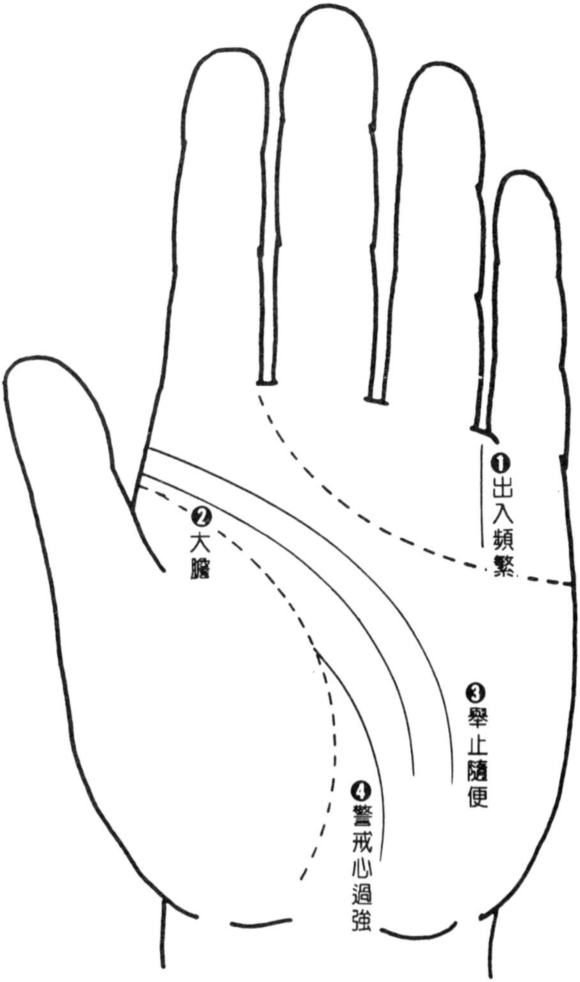
❶出入頻繁
❷大膽
❸舉止隨便
❹警戒心過強

●不擅賭之相

賭博帶著刺激性，具有使人沉迷其中的魔力，但運勢差的人若一頭栽入，恐怕演變成身敗名裂的結果。碰到賭運一蹶不振時，仔細端詳自己的手相，如果出現以下所述之相能斷然戒賭，也許是賢明之策。

①從月丘上升的命運線被感情線攔阻時

從月丘出發彎延而上的命運線被感情線攔阻的人，因心地過於善良而容易受騙上當。也不懂在緊要關頭下賭注，天生不適合賭博之士。

②水星丘上出現蛇行的線紋時

出現此相最好戒賭方爲良策。因爲，運勢朝下而降，凡事都會失敗。應耐心等候直到此線紋消失。

③木星丘上出現縱紋時

木星丘上出現數條短縱紋者，常見心思散漫、耐力不足的人。不適合倚靠集中力決勝負的賭博。賭再多次也是浪費，終究無法成功。

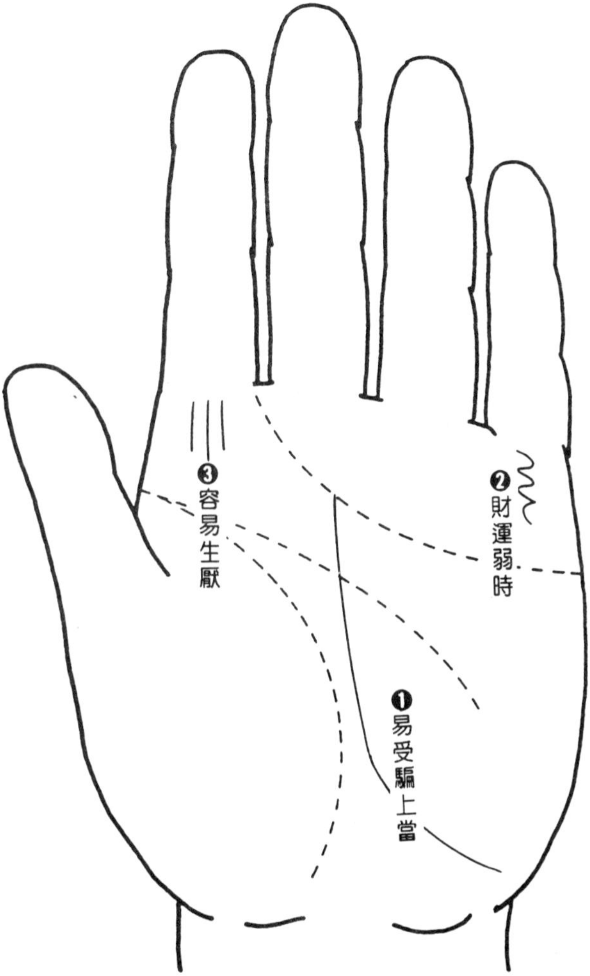
❸容易生厭
❷財運弱時
❶易受騙上當

●是否擁有不動產運

在理財經營的一股風潮下，一般人對不動產的關心度也顯著地提高。但購置不動產時，應分析運勢的強弱，最好在最佳時期做決斷。記住利用手相的不動產運分析法，在緊要關頭可做爲參考。

①從月丘上升的短線紋與命運線的下部銜接時

結識不動產強運者或獲得特殊情報、出現贊助者等，獲得夢寐以求的不動產的機會來臨。迅速採取對策，避免錯失良機。

②金星丘的下半部出現數條縱紋時

這些縱紋稱爲「陰德線」，是因父母、祖先的積德而擁有不動產之相。雖然大都會的高級地段難以奢想，但卻順利地繼承父母所有的不動產，是相當幸運之相。

③手腕出現V字型記號時

這也是不動產運極佳之相。尤其這個記號位於手腕中央，乃是可以順利擁有極佳不動產的人。

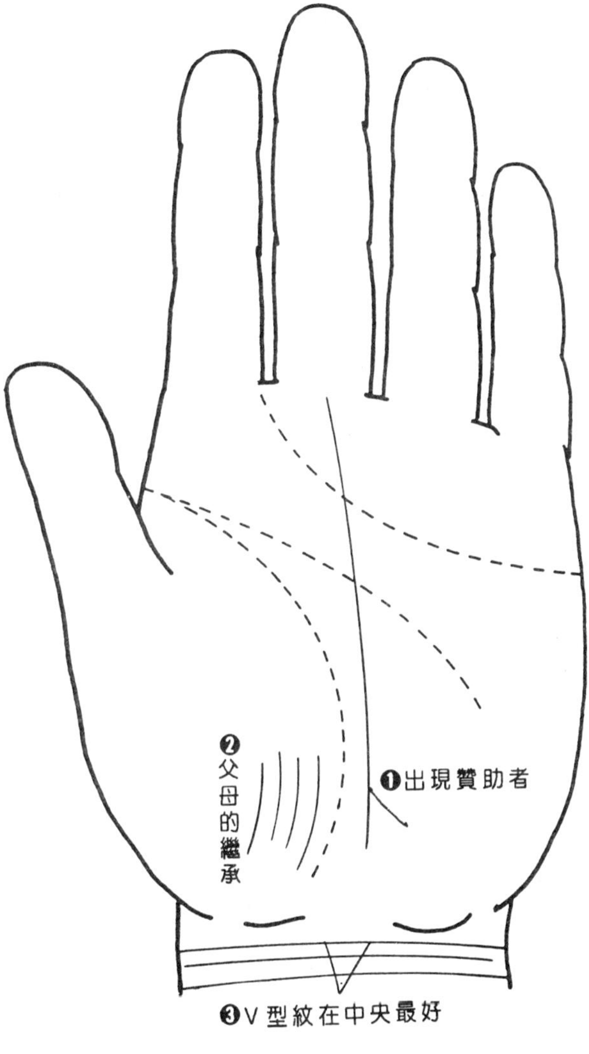
❷父母的繼承
❶出現贊助者
❸V型紋在中央最好

●遺產、財產滾進之相

有太多人自怨自艾，何以辛苦勞動卻毫無積蓄，但相對地卻有不勞而獲鉅金的幸運人。多麼渴望和有此手相者結成朋友。

①厚實的金星丘上出現數條弓形紋

這是所謂「陰德紋」之相，表示因祖先或自己的積德而擁有財產。所謂善行有好報吧。若是從祖先繼承的財產，應不忘感恩之心，有效地運用。

②與從金星丘上升的命運線平行之線

出現一條從金星丘下方出發，與命運線呈平行而上升之線時，表示繼承親戚的財產或因親戚的金錢援助而成功。

③從金星丘出發的命運線交叉於生命線的中途時

強旺的命運線從金星丘出發，與生命線弧度的中央相交者，表示因配偶或配偶的父母的財產支援而開運。

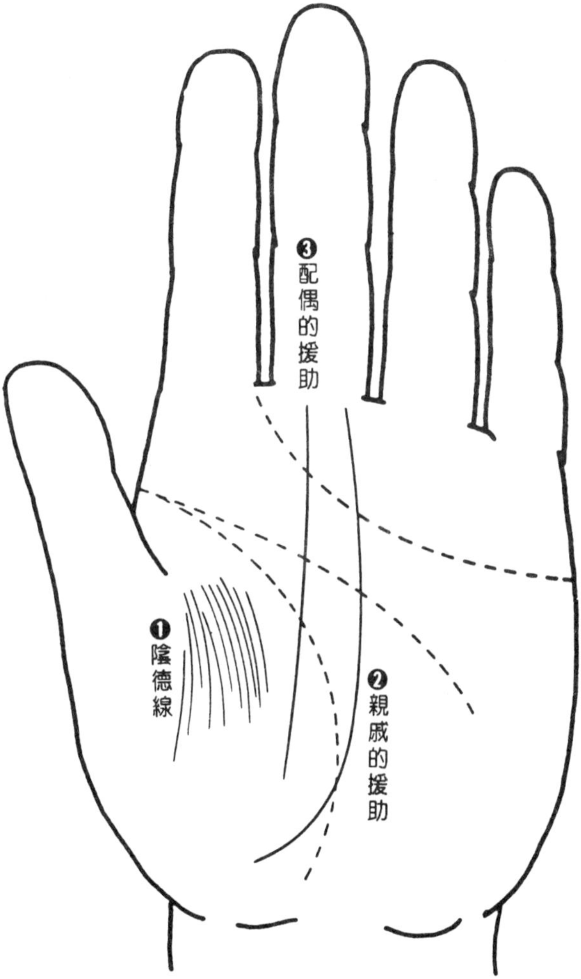
❸配偶的援助
❶陰德線
❷親戚的援助

●浪費家之相

即使擁有賺錢的才華，如果揮霍無度則血本無歸。和有此相者扯上關係，只有肉包子打狗一去不回。務必審慎思索金錢的有效應用法。

①極端下降的智慧線

智慧線極端下降者缺乏理性，往往受感情或氣氛所支配。換言之，夢想常優先於現實，不顧後果的浪費類型。經濟拮据卻舉行豪華氣派的結婚喜宴……您是否也有這樣的經驗？

②蛇行的財運線

即使有一條長的財運線，但呈蛇行狀或顯得薄弱時，表示縱然坐收巨利也隨即花費殆盡。只要留意金錢的計劃性，線紋會慢慢變成直線。

③有島形的財運線

這也是無法蓄財之相。只有改變生活態度，等候時機轉來。

④出現橫短線的財運線

表示突然的支出或損害。

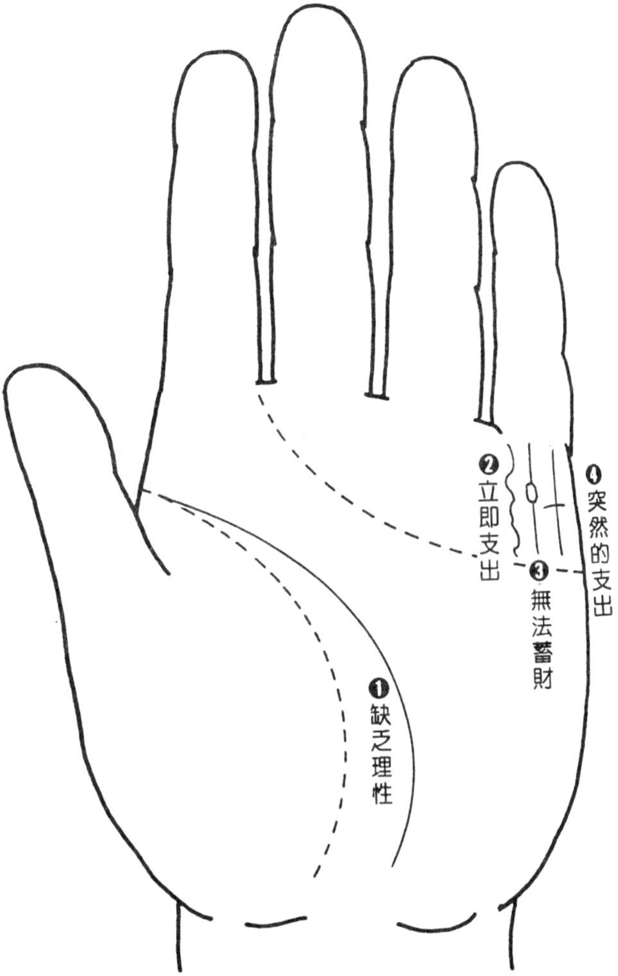
❶缺乏理性
❷立即支出
❸無法蓄財
❹突然的支出

●從手伸出的方式分析財運相

一旦握住金錢死也不放的人、金錢稀稀落落地從指間掉落的人……根據伸手的方式也可以占卜個人的財運。

①伸手時張開五指的人

心地坦蕩的樂天派，擅長儲蓄金錢且能一次擁有巨金。但在消費方面過於隨便，用錢也顯得氣派，一再支出而無法蓄財的類型。

②伸手時五指併攏的人

對金錢的執著強過一般人。每天檢視帳簿絕不浪費，會一點一滴地積蓄錢財。

③伸手時拇指分離的人

依自己的方式訂定計劃，紮實地增加財富。擅用金錢的人，財運能適切地取得平衡。

④伸手時只分離小指的人

小指被稱爲生意買賣之指，小指分離表示缺乏商才，不受財運垂憐。

⑤伸手時略彎手掌的人

幾可稱爲守財奴的金錢奴隸。雖然錢財聚集甚多，似乎過著毫無意義而寂寞的人生。

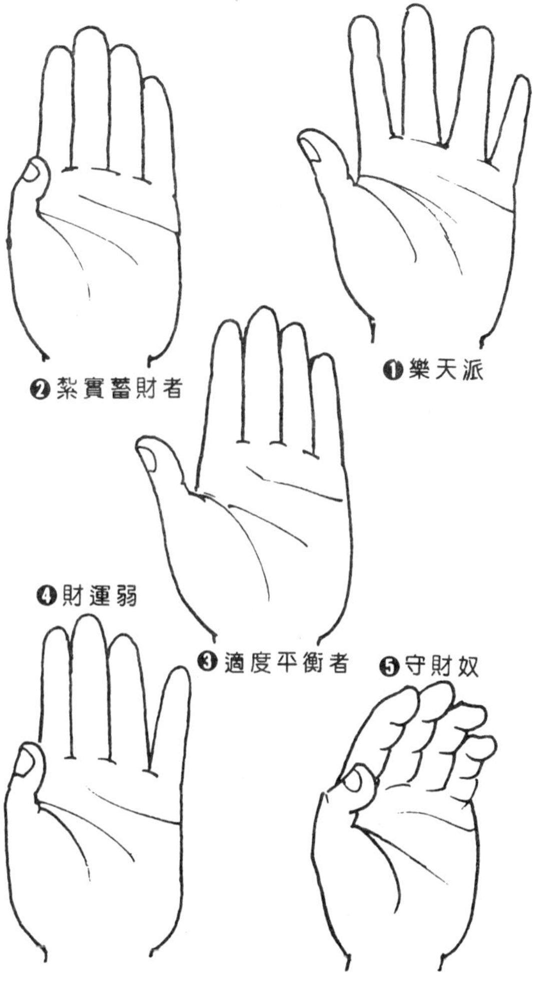
❶樂天派
❷紮實蓄財者
❸適度平衡者
❹財運弱
❺守財奴

分叉爲二的智慧線—兩種才能

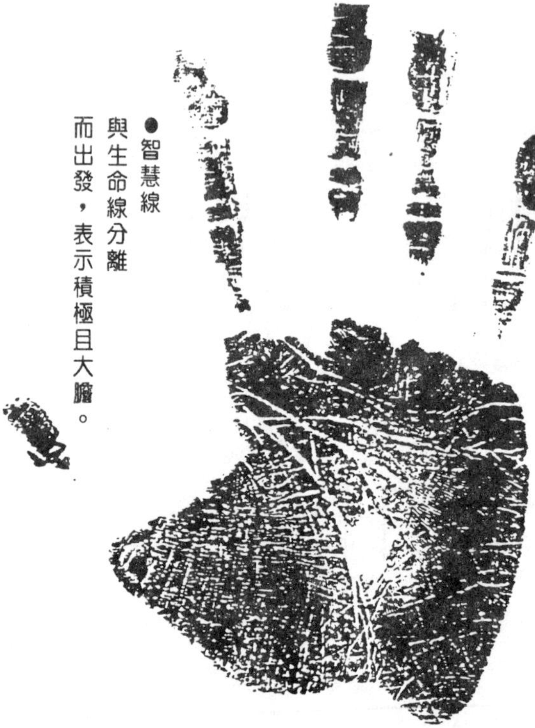

●智慧線
與生命線分離
而出發，表示積極且大膽。

小田裕之　公認會計師　35歲

智慧線和生命線分離，各自出發。這表示積極性、大膽性，但應留意的是智慧線在途中分叉爲二。

換言之，具有兩種要素。其一是筆直智慧線所意味的合理性，另一是朝月丘彎曲的創造性、藝術性。

從生命線的途中出現一條向上線。這表示三十二歲左右獨立，事業做過一番努力。

第四章
性格運的占卜

●你是什麼樣的人

自以爲生性開朗，意外地卻有消沉的一面，或自認心地寬容，卻發現有強烈的嫉妒心……自己本身的性格通常似懂非懂，令人捉摸不定。更何況是他人的性格，即使透過往來交際也難以確實地掌握。

若渴望使人際關係更爲和諧，和大家保持和睦關係，最重要的是知己、知彼。但這卻是相當困難的一件事。我們經常會因不瞭對方的性格而傷害到對方，或使之勃然大怒。

因此，筆者建議各位利用手相做性格診斷。手相可以呈現外表及內在的臉孔，最適合理解個人的性格。

性格主要由智慧和感情線所表示。而手指也具有性格上的涵義，藉此可以探索性格的眞僞，首先不妨從指頭的長度做一番檢正。

在此特將重點置於公司內的人際關係上，做成各種不同的分類。相信你的周遭必定有以下所述的各種類型的人。

哎！不要每次說
這些無聊的話
被無法捉摸
的神所徵召……
死後世界

●朝九晚五者之相

在現在所謂的新人類中，幾乎沒有稱得上是「公司人」的人了。相對地，多數人渴望在家庭上或興趣上多花一點時間，但在公司裡的時間，至少應像以下所述手相者，確實做好份內的工作。

①短而呈直線的智慧線

認眞而誠實，性格也溫和。傾注全力在工作與學習上，但結果卻不引人注目的類型。換言之，要領差而行動也樸實，雖有努力卻不受認可，恐怕較難以出人頭地。既不擅長與人交際往來，也不喜愛酒宴等熱鬧的場面。

②從生命線途中而出呈弓形彎曲的命運線

這是朝九晚五的典型人物。生活以公事爲重，一天二十四小時只有工作的念頭。沒有消遣也無興趣，在同事間被隔離，朋友也少。

③終點在智慧線上的感情線

腦筋好、富有理性，想法觀念具常識性。對金錢相當執著，絕不會爲玩樂浪費。對工作比戀愛或遊戲感到更大的生存意義，選擇我行我素的生活方式。

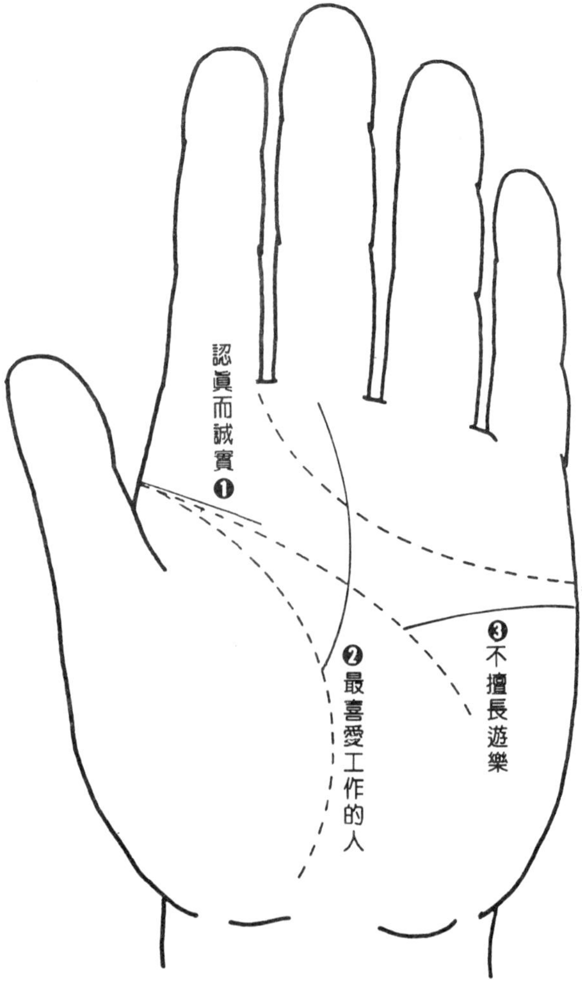
認眞而誠實❶
❷最喜愛工作的人
❸不擅長遊樂

●注重下班後人生之相

上班時無所作爲，夜晚到了繁華的街上卻突然顯得神采奕奕的人，任何公司都有這樣的族群。這種人雖然是愉快的玩樂伙伴，但若是工作上的搭檔，可要注意五點以後群族的人。

①斷斷裂裂的智慧線

工作態度懶散，毫無信用。但只要是休閒玩樂卻變得激烈風發、神采奕奕的人。酒、煙、賭，只要是玩樂的事不惜任何金錢的花費。同時，對流行也相當敏感，擁有豐富的商場知識。對服飾打扮也相當講究，但卻無法拂卻給人輕薄的印象。

②途中分叉爲二，往下的一條達到月丘的智慧線

所謂「三寸不爛之舌」話多又得意忘形的人。到處數落他人的壞話，可以把一件事膨脹數倍的人。與人交際上顯得氣派，表現和任何人合得來的態度，但只有表面上的交際往來，並無法做深度的交往。

③出現朝上支線的感情線

一有宴會必有召喚的人緣者。性格開朗，絕不遭人埋怨的人。

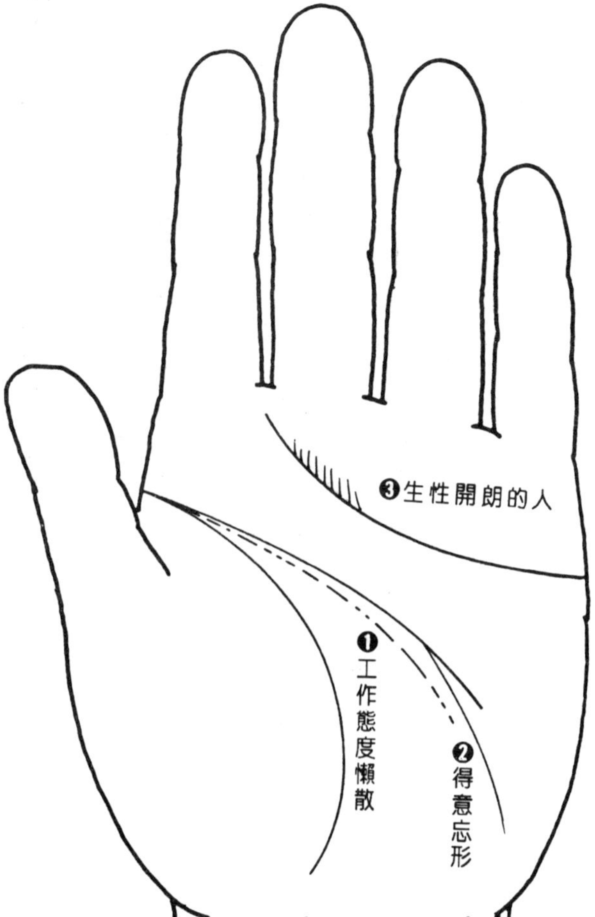
❸生性開朗的人
❶工作態度懶散
❷得意忘形

●成爲大哥大、大姐大之相

有些人在不知不覺中受他人仰慕與信賴，這種人通常性格極爲突出且具有魅力。

①起自木星丘，延伸到月丘以下的智慧線

從食指下方開始的智慧線，呈徐緩的曲度橫越手掌而到達月丘以下時，表示受到多數人的尊敬，成爲領導者。腦筋靈敏又富行動力，具有宏大的器量，以寬廣的心胸包容他人。

②和生命線分離，從偏上方開始的智慧線彎延而過手掌時

個性爽直，有話必說，坦蕩而無藏私的人品，因而受到他人的仰慕。

③從生命線或智慧線上端朝木星丘伸展的短縱線

此線稱爲「希望線」，據說富有向上心及能朝目標不惜努力的人會出現此相。同時，帶有強烈的正義感，黑白分明的性格。領導能力相當卓越，具有整合人力的能力。

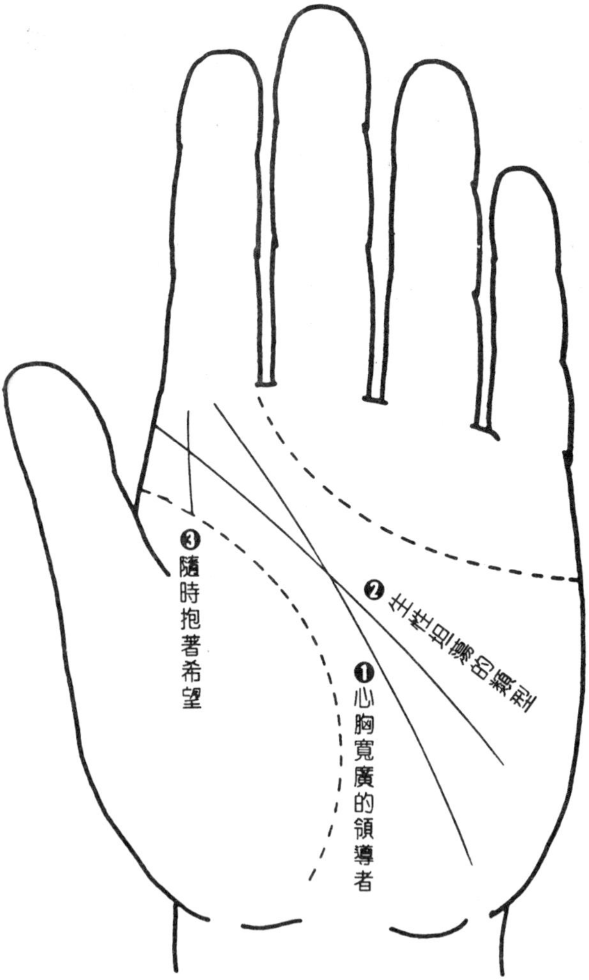
❸隨時抱著希望
❷生性坦蕩的類型
❶心胸寬廣的領導者

●任性之相

不過份的任性顯得可愛，但過於任性的人，會失去朋友與所愛的人。手相也會清楚地呈現當事者所疏忽的任性度。

①以和緩的曲度横越手掌的感情線

有些兒童每經過玩具店，即固執地索求玩具否則不離開，而這種人的任性性格直到成年也改不了。簡言之，還是個孩子。尤其具有強烈的物質慾，只要想要的東西若不佔爲己有則不甘心。

②出發點偏在下方的感情線

起點位於下方，是表示水星丘寬廣，但相對地第二火星丘變得狹窄。換言之，這種類型者的物質慾強過一般人，又無壓抑物慾的耐力。器量狹小，不能坦率地接納他人的意見，立即產生叛逆性，讓旁人感到相當爲難。

③出發點和生命線極度分離而較短的智慧線

非常性急的人。隨即動怒或口出惡言、暴力以對……。凡事應盡可能忍耐。

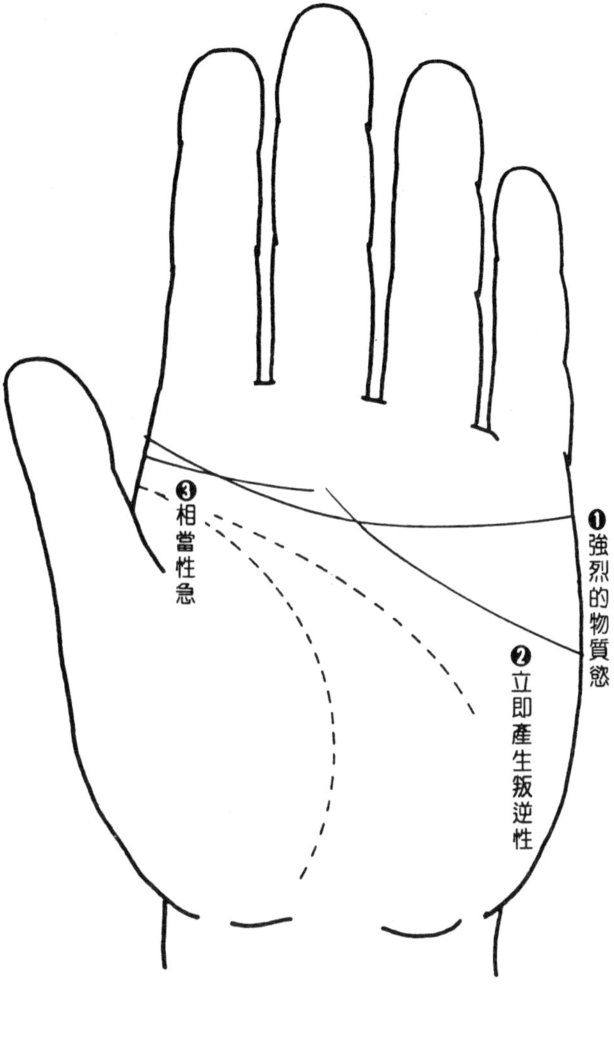
❶強烈的物質慾
❷立即產生叛逆性
❸相當性急

●被害妄想之相

此相者具有神經質，通常會逕自悶悶不樂、煩惱。不妨帶著船到橋頭自然直的心態，以積極開朗的態度面對人生。

①智慧線的出發點在生命線以下，以大幅的曲度延伸到手腕時

經常妄想有某人惡意中傷自己，背地裡說自己的壞話。強烈地渴望在他人面前表現良好的形象，這個慾求卻得到相反的結果。因而與人的糾紛不斷，但會立即反省而變成自我厭惡感，反覆著如此的惡性循環。

②出發點附近有島紋的智慧線

心思相當細膩，感受性敏銳的人。從早到晚掛意著細微瑣事，逕自煩惱不已。別人無意的言詞也會受到傷害，常爲此而悶悶不樂。過於鑽牛角尖有變得神經衰弱之虞。

③有許多細紋的生命線

生命線上出現許多垂直的橫紋時，表示神經質的性格又積蓄壓力，精神相當疲憊。不妨放鬆力氣，不要過於焦慮。

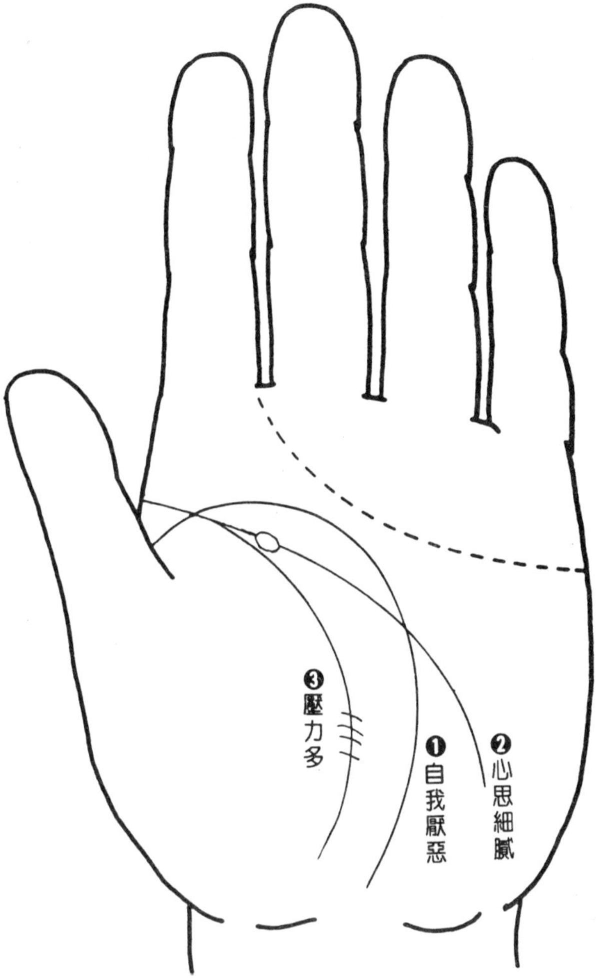
❸壓力多
❶自我厭惡
❷心思細膩

●多重性格之相

任何人都有其內在的眞面貌，與表現於外在的另一面，但彷彿個性完全不同的兩人同居在一個體內的多重人格者，通常會失去他人的信任。而造成多重人格的原因可能是慾求不滿或壓力使然。

①智慧線、感情線、生命線從同一點出發時

典型的紙老虎類型。在家裡肆無忌憚地唯我獨尊，一旦走出戶外則變得畏畏縮縮、卑躬屈膝。若行之過度，恐怕也會招來家人的嫌棄。

②智慧線在途中斷裂，斷裂處有一條下降線，而智慧線上也有補助線時

昨天與今天的態度全然不同，判若兩人。因此，抱持的主義或主張也無法貫徹到底，常令旁人感到困惑不已。雖然當事者並無惡意，但行之過度，必會失去他人的信用。

③雙重感情線

感情線有兩條的人，通常被認爲性格、觀念有兩種方式，其實是靜與動、溫和與冷淡適切共存而深具魅力的人。雖然具有豐富的感受性，卻處事有分寸，也是受人愛戴之相。

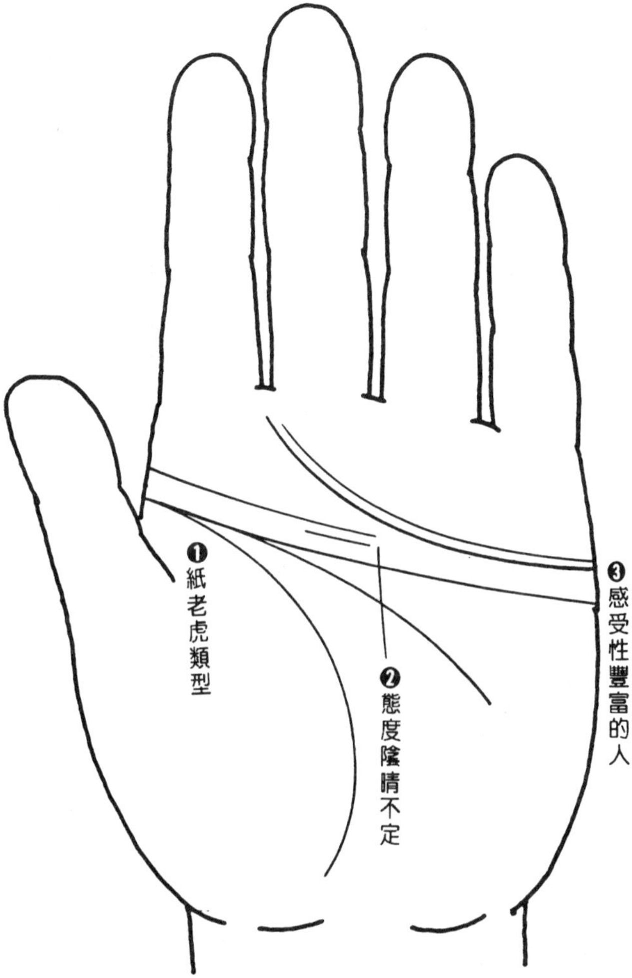
❶紙老虎類型
❷態度陰晴不定
❸感受性豐富的人

●根據手指占卜性格

誠如手掌上各個丘有不同的涵義，每根手指也有其特性。尤其是手指，據說代表個人天生具有的精神性格。該手指越長越強調其指的涵義。

●拇指

表示意志力、忍耐力。拇指粗而長者，不畏逆境，憑自立開拓命運。

●食指

表示支配力、野心、自尊心。此指越長者自尊心越高，是渴望掌握領導權的類型。

●中指

具有自我、警戒心的涵義。中指越長者通常具有神經質，很容易躲在自己的象牙塔內。

●無名指

表示美感、藝術或藝能的手指。換言之，具有卓越的美感的浪漫主義者。據說無名指較長的人，勝負運也強。

●小指

這是商才之指，越長越具有財運。同時，懂得掌握時機，絕不錯失機會。

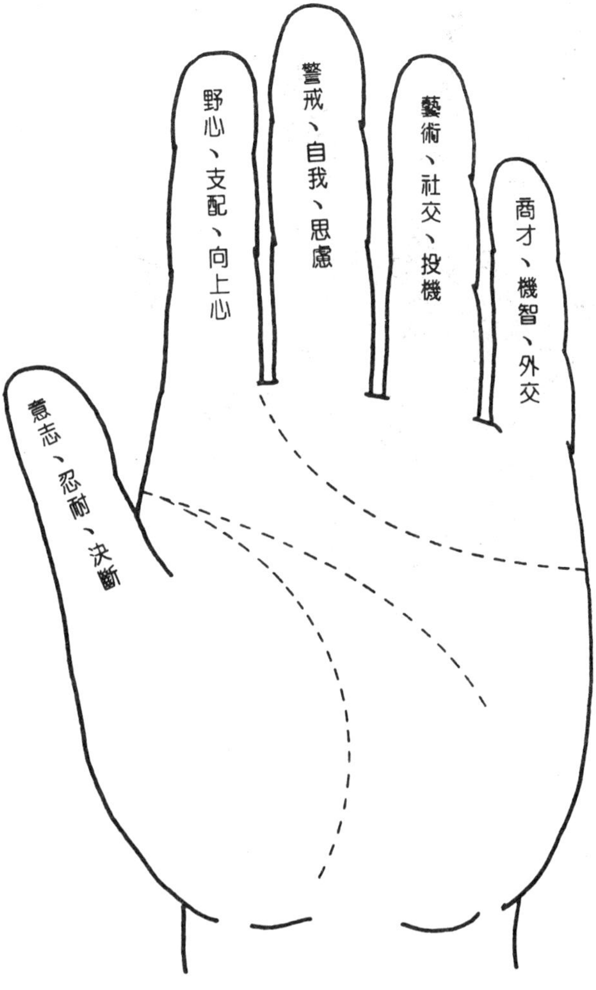
野心、支配、向上心
警戒、自我、思慮
藝術、社交、投機
商才、機智、外交
意志、忍耐、決斷

朝向水星丘的智慧線—具有商才

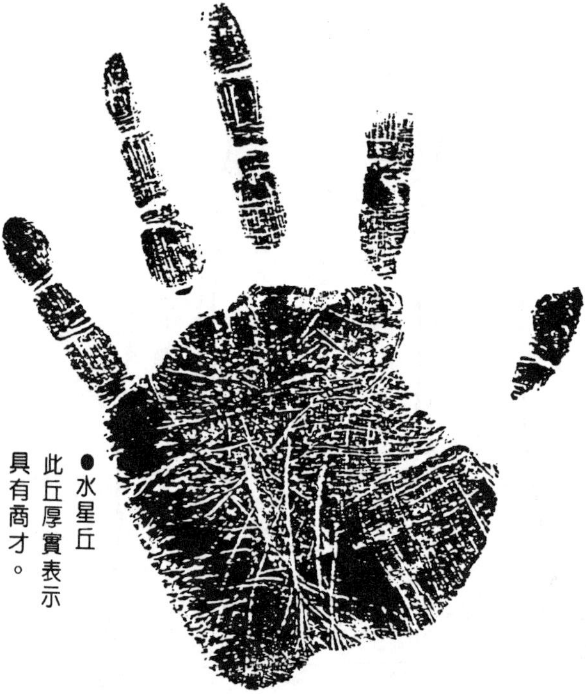

●水星丘
此丘厚實表示具有商才。

內堀甘奈　公司董事長　32歲

前日本戲劇舞蹈者，目前接掌父親的店面，共經營五家租賃公司，同時還租賃其他大廈，朝多角化經營。

從手上智慧線和生命線分離的狀況看來，暴露他所具有的大膽構想與指導力。智慧線呈一直線朝向第二火星丘，這表示現實主義。而終點附近出現二～三條朝向水星丘的線紋，表示具有卓越的商才。

此相暗示擁有強旺命運線、寵愛線等強運的人。

第五章
職業運的占卜

●認識自己的適性

任何人都必須從事工作而取得收入。一般人都渴望收入越多越好，但人所付出的勞動難道只爲了獲得金錢？

當然，金錢在生活層面上是不可或缺的，但如果勞動本身會令人感到喜悅，將是無出其右的幸福。因此，我們所面臨的問題是，如何找到適合自己性格或特性的工作。

尚未就職者或對目前的工作感到懷疑的人，不妨藉手相的診斷，重新反省自己的適性。

當然，即使因手相而瞭解自己的適職，是否能找到適當的職務也是個問題，同時，也不可忘記工作本身必須有努力與耐性。

分析職業運時，最重要的線紋是智慧線。在西洋此線稱爲領導線，是三大線紋中最重要的主要線。

此外，也必須留意命運線或太陽線、丘上等各線。

president
star
chef
努力

●適合事務職之相

這是女性最常從事的業種。雖然職務本身顯得樸實，但這項工作必須有書類等的整理能力、顧慮周全的注意，是非常重要的工作。如果你屬於此相，請不要自怨自艾，累積自己的工作經驗成爲優秀的輔佐者。

①從生命線途中出發而下降的智慧線

審愼處事而一絲不苟，最適合從事事務職。但腦筋靈敏動作也迅速，從事秘書之類的行業必可充分發揮能力。

②土星丘上的短命運線

處事行止雖不活躍而氣派，但道地紮根處事的態度極爲優秀。表裡一致、處事公正的努力家，深獲他人信賴，足以擔任輔佐的職務。一般事務或銀行員乃是適職。

③短而清楚的太陽線

職場上有妳這樣的人，會使得整個工作氣氛變得開朗，彷彿慰藉周遭者疲勞的甘草人物。生性體貼善良，主動而積極地處理任何人所討厭的工作。生活態度認眞，禮儀端正，獲得上司的寵愛。妳是正統的「職場之花」。

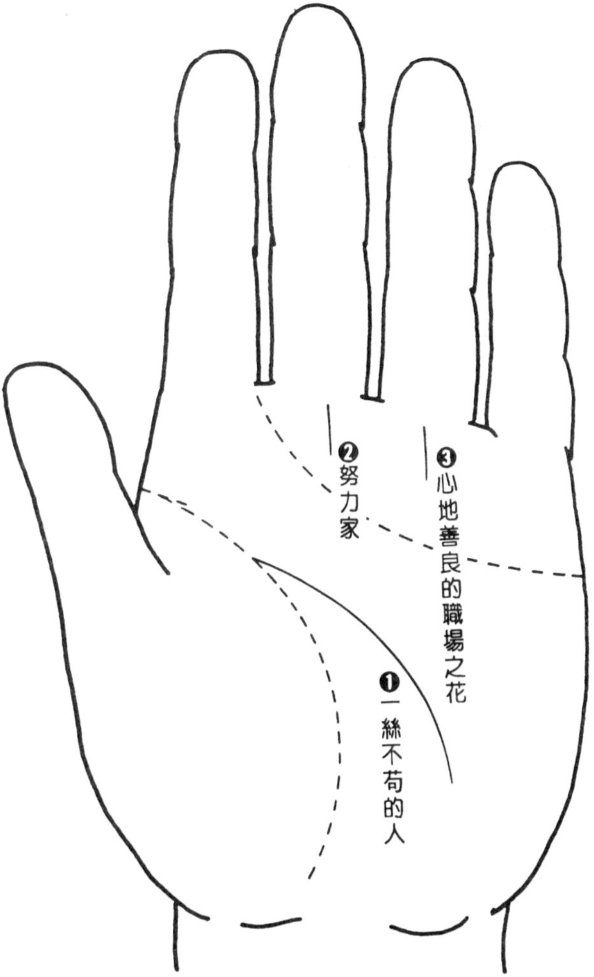
❷努力家
❸心地善良的職場之花
❶一絲不苟的人

●適合推銷員之相

推銷員所必備的條件是，具有深獲他人喜愛的人品及巧妙的談話術，以及在重要關頭掌握對方心意的機靈與貫徹己見的勇氣、耐力。如果擁有以下所述的手相，你極有可能成為超級推銷員。

①智慧線的尾端分叉爲二，其中之一朝向水星丘時

擅長生意買賣之相。如果水星丘厚實而發達，而小指也長，擁有極強的財運。

②命運線分叉爲二，一方朝向土星丘，一方朝向水星丘時

天生具有推銷員的資質，業績蒸蒸日上。精打細算、視錢如命，但口才佳足以吸引他人，因而不會招來他人的埋怨，屬於較爲得勢的人。

③彎延的感情線末端分叉爲三時

待人溫和又散發一股自然的衝勁，可以成爲相當精湛的推銷員。確實掌握要領，也擅長促銷。

金星丘發達的人具有外交性，個性執著，也適合從事推銷業。

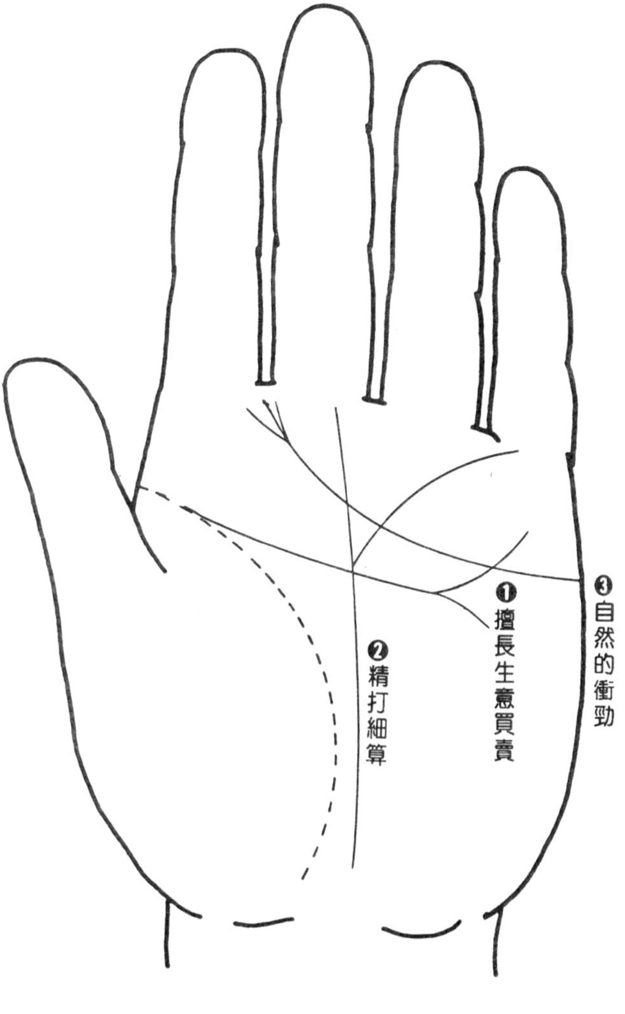
❶擅長生意買賣
❷精打細算
❸自然的衝勁

●適合實業家之相

只要構想創新，任何人都可自創事業而在社會上功成名就。只要具備洞察時代的眼力，有不折不撓不畏困境所屈的執著，極具有成爲實業家的可能。想辭去朝九晚五的工作而自創事業者，不妨先分析自己的手相再做定奪？

①**強而有力的命運線及從中分叉而出的太陽線與財運線**

世間少見的強運者，具有成爲大實業家的資質。如果太陽線和財運線也強而清晰，可以獲得他人的援助而建立財富。

②**從手掌尾端筆直伸展到另一端的智慧線**

這是所謂的「平斗線」之相，在大財主之中，有不少人擁有此相。掌握時代潮流並與錢財融會貫通的能力堪稱一流。極富個性的野心家，可能成爲大權獨攬的董事長。

③**雙重智慧線**

腦筋非常聰明又具有藝術品味，也具備賺錢能力的雙重才能。腳踏兩條船者也常見此相，而通常魚與熊掌可以兼得。

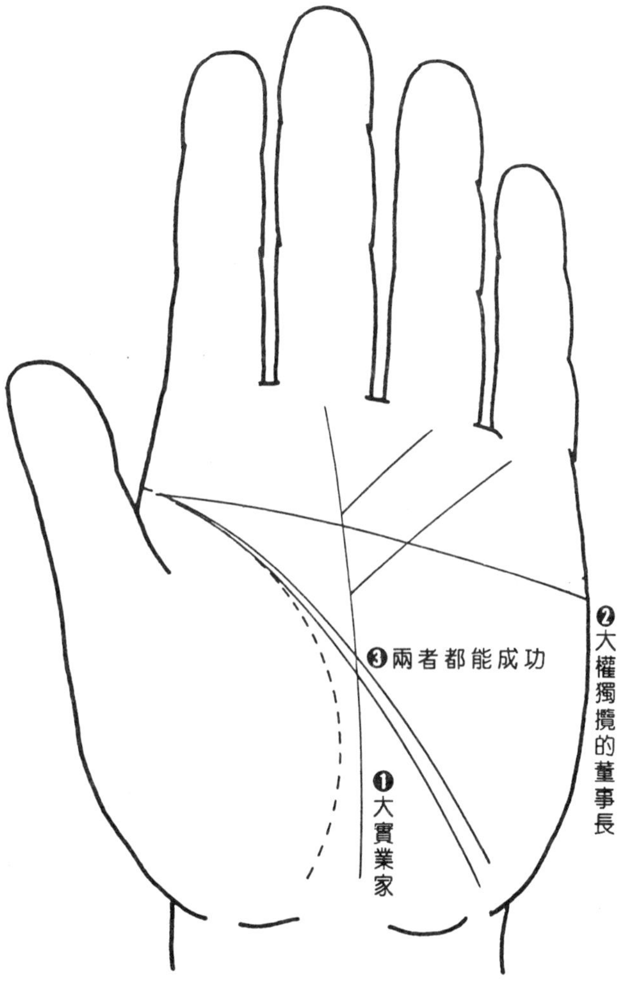
❸兩者都能成功
❷大權獨攬的董事長
❶大實業家

●適合教師、研究者之相

成爲教師或研究者，必須勤勉且踏實地努力。而且，身爲教師應有公正的判斷與道德心，以及強烈的人間愛。在如此複雜而詭譎的社會中，這乃是最迫切需要的人。

①長的智慧線

擁有比標準還長的智慧線者，擅長以條理分析事物。而且具備豐富的常識，不會有離經叛道的行止，是適合教育者的類型。

②從生命線分叉出數條上升線

生命線的外側有數條向上的支線者，是非同小可的努力家。一旦訂定目標絕不感到挫折且能全神貫注，從事研究家的工作必可成功。

③到達木星丘的感情線

教師是從事與人接觸的工作，因此，心地善良而溫和者較適任。從這一點看來，擁有此相者樂善好施，可以對每個學生發揮愛心。在青少年的暴行已成重大社會問題的現在，渴望有越來越多這類型的老師。

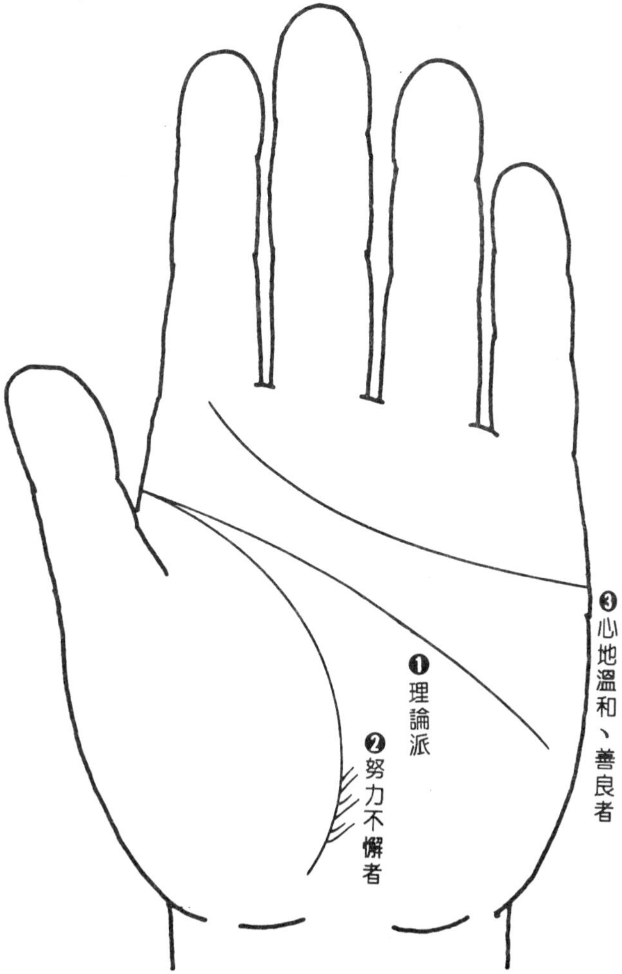
❶理論派
❷努力不懈者
❸心地溫和、善良者

●適合人緣買賣之相

雖然現今的時代，不論張三李四都可在電視鏡頭前一展才華，但其中擁有特殊而閃耀的個性與才能者微乎其微。如果擁有以下諸相，你的魅力難能可貴。活躍舞台而成爲注目的焦點絕非夢想。

①**從月丘伸展的太陽線**

手上若有太陽線必可獲得他人的愛戴，如果太陽線從月丘出發，乃是天生的人緣者。充滿吸引他人的魅力，旁人毫不吝惜爲你全力支援。一般認爲具此相者最適合從事演藝工作，但若經營餐飲酒廊或推銷買賣事業，也是成功可期。

②**從月丘伸展的命運線**

這也是最適合人氣事業的相。每當要開始做什麼時，支持者或贊助者自然湧現。此相加上①之相，可謂如虎添翼，具備卓越的才能，將是衆人喝采的對象。

③**從生命線出發的太陽線**

在演藝圈有些人立即展露頭角，而有些人在長期的默默經營之後才掌握成功，此相是屬於後者的類型。只要不忘初衷必可長久持續人緣。

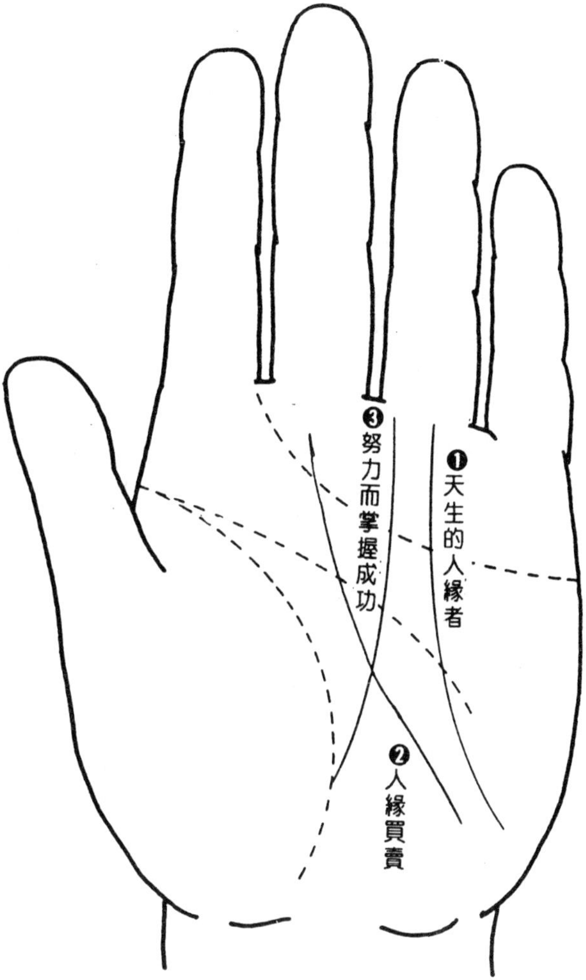
❸努力而掌握成功
❶天生的人緣者
❷人緣買賣

●適合媒體者之相

演藝圈雖然人緣鼎盛，卻是載浮載沉的世界。由於企劃力乃是勝負關鍵，因而智慧線也是分析適性的決定關鍵。

①出發點和生命線分離的智慧線

富柔軟性而腦筋靈敏，可充分適應瞬息萬變的媒體界。尤其是能迅速掌握時代潮流，最適合在廣告業界或電視業界服務。不過，能力高卻帶有牽強的一面，似乎較易樹敵。也許是所謂樹大招風吧？

②出發點位於木星丘的智慧線

出發點在代表支配或名聲的木星丘上的智慧線，此等人乃是野心家，迅速地在業界嶄露頭角。處事積極，具備劍及履及的行動力，因而能超前提出自己的計劃並給予實現。

③在火星平原從生命線分支而出的智慧線

擁有此相者天生的興趣即是工作，且能掌握相當大的成功。在繁忙的媒體界，身體乃是資本，所幸也具備充分的體力。如果有能理解自己的上司或成爲自己左右手的部屬之惠，將是引人注目的媒體寵兒。

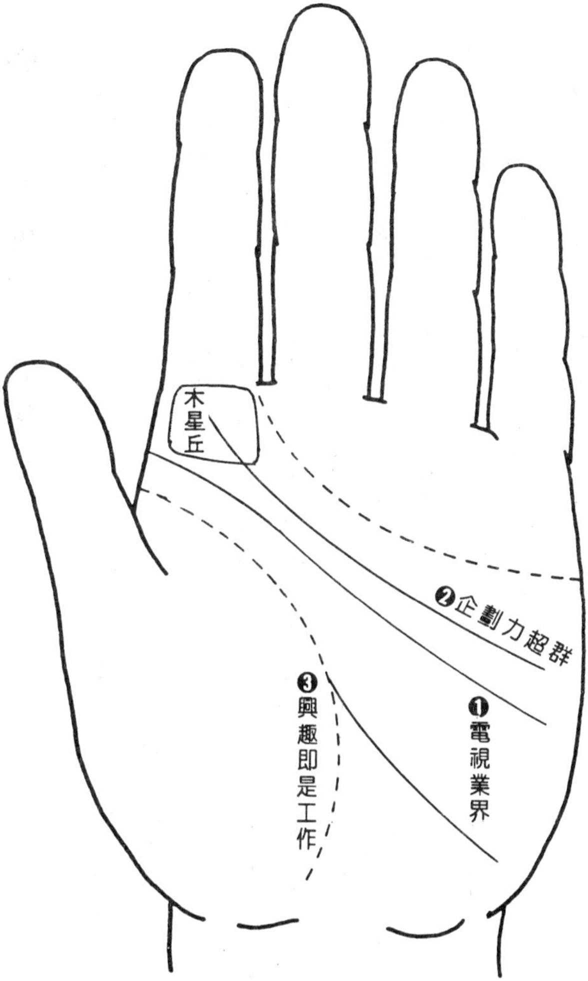
木星丘
❷企劃力超群
❶電視業界
❸興趣即是工作

●適合數理科系之相

一般認爲指頭長者，是數理科系較強的理論派。尤其是小指特長的人，具有旺盛的研究心，具備發明、創見之才。自認屬於文科系的人，出乎意料的常見以下各項。

①朝向第二火星丘的智慧線

如果智慧線朝下滑落而延伸到月丘者，是浪漫主義型、創作性的類型，有一條橫向走勢的智慧線者，應是實務派、現實型。誠如日本的文學家森鷗外、北杜夫，有些人兼具醫師的才華也是優秀的文學家，性質互異的兩種才能能應用自如，但此相者由於具有強烈的理性而不感情用事，也具備條理分明思考事物的能力，因此朝數理科系發展應能發揮特性。

②末端在土星丘而分叉爲三的命運線

以一生的歲月投入自己研究的類型。雖然缺乏人生的趣味，但道地而紮實的態度博得多數人的尊敬，晚年過著後生晚輩簇擁並支援的充實生活。

③水星丘與太陽丘上的縱線平行而立時

不失向上心與努力的人，同時，渴望爲人服務。此相者適合醫療相關的職業。

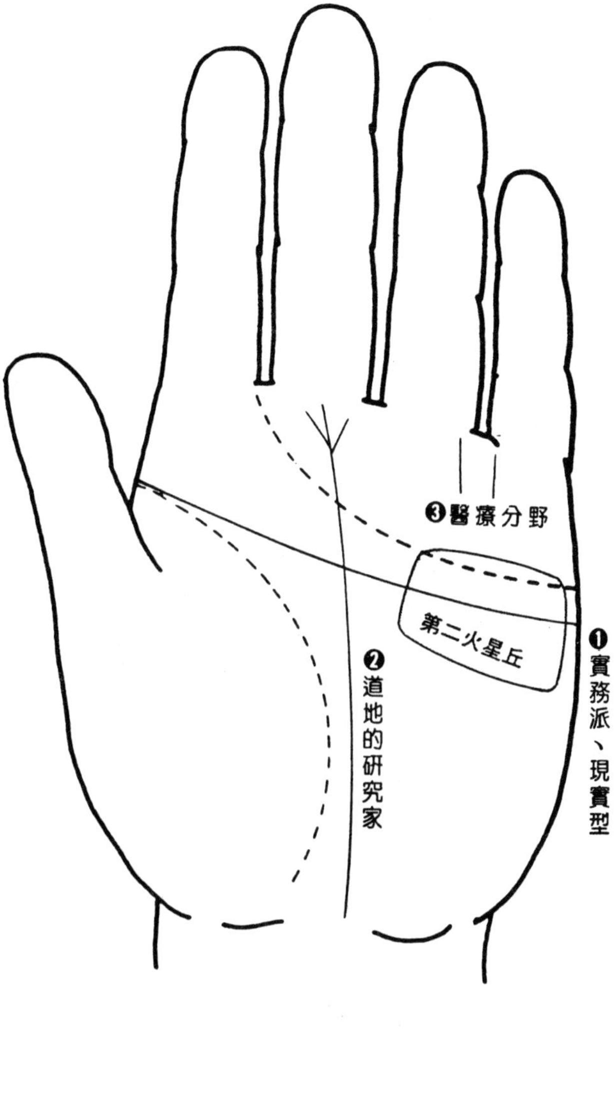
❸醫療分野
第二火星丘
❷道地的研究家
❶實務派、現實型

●適合商社員、雙職之相

目前，有越來越多的人在國外從事工作。出差國外在外表上顯得神氣而氣派，但從事這樣的工作必須具備順應國外習俗的能力、明白表示自己意見的積極性。同時，語學能力與國際感覺也是必要的條件。

①出現在木星丘的數條縱紋

此縱紋稱爲向上線，表示達成希望的強烈意志與支配力。若有明顯而有力的向上線，而木星丘也厚實發達者，在陌生的國度也能精力充沛地發揮工作的能力。

②從生命線延伸的命運線

這表示命運線高居生命線之上而給予支配之相。因此，意志非常堅強，不論處於任何環境都可克服困難，建立自己的地位。同時，獨立心極強而耐孤獨，即使單身遠渡海外，也能充分地適應。在外商服務應可發揮能力。

③從手腕出發經金星丘而達木星丘的線紋

擁有此相者具備極強的國際觀，也有卓越的語學能力。利用天生的資質從事外交官或空中小姐、旅行顧問等，必可活躍世界舞台。

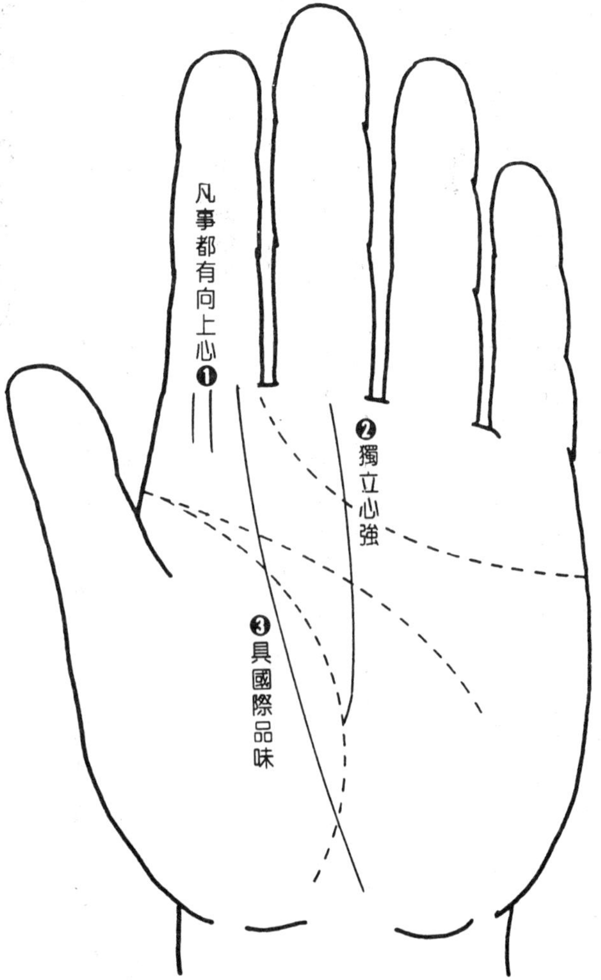
凡事都有向上心❶
❷獨立心強
❸具國際品味

●適合藝術家之相

藝術家涵蓋的範圍極廣，如作家、詩人、歌手、演奏家、作曲家、畫家、雕刻師、設計師、演員、演出家等。而藝術家所共通之處是以自我的感性創造美感。你的手上有以下諸相嗎？

①延伸到月丘的智慧線

藝術家具有多方面非凡的要素。由於感性過於敏銳，似乎無法苟同於一般塵世社會，或價值觀異於常人。智慧線極端長而延伸到月丘下部的人，通常有較多這類藝術家類型。當然，此相的智慧線極長，因而頭腦聰明富有卓越的思考力。非常適合凝思構想而創造作品的畫家、作家之相。

②清楚的金星帶

金星帶通常被以為是好色之相，其實它也是藝術家之相。感性豐富而創造力卓越者通常會出現這個線紋。而是否為著名的藝術家之相，或純屬好色之徒的判斷基準在於智慧線。智慧線強而清晰的人，可以將情慾做高度的昇華。而金星帶本身也必須呈優美的曲線有如藝術的線條。

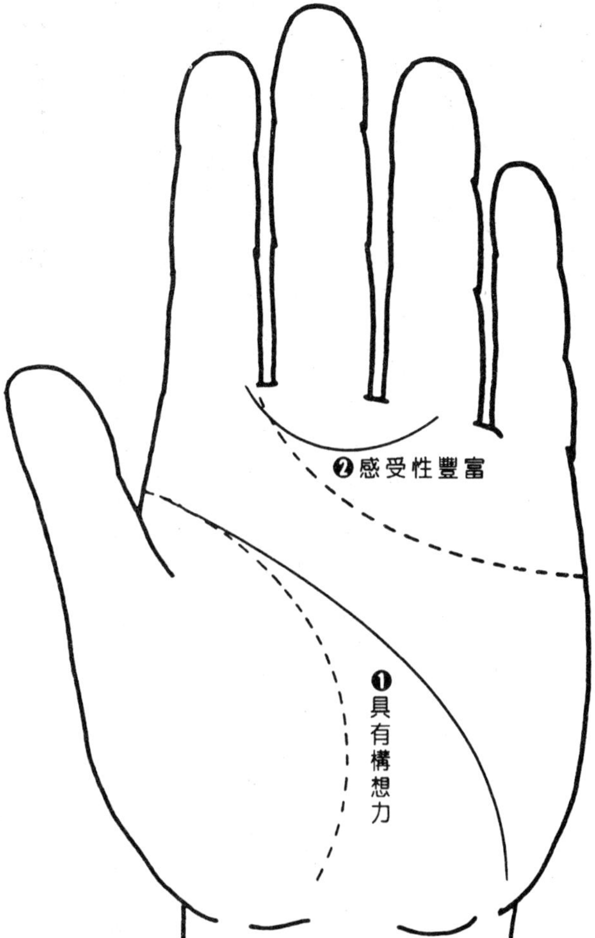
❷感受性豐富
❶具有構想力

●反覆轉職之相

雖然目前的社會和以往相較下，是較能騎驢看馬、任意轉職的時代，但頻繁的轉職倒非智舉。所謂鐵杵磨成繡花針，凡事都要堅忍不拔的耐力。

①呈蛇行的命運線

雖然手上有命運線比沒有來得好，但若呈彎彎曲曲、斷斷裂裂之相則另當別論。命運線所擁有的強烈自我會在途中出現，或缺乏貫徹始終的意識。因無法與職場的環境相處協調或與上司爭執等，通常是因任性而頻繁轉職。只要落實在一個工作崗位上，以粉身碎骨在所不惜的覺悟，奮鬥努力，命運線即可回復正常狀態。

②斷斷續續的太陽線

太陽線是表示獲得人緣度或信用度，若呈斷裂狀表示信用度低、浮游不定。因此，通常工作落於閒職或被迫轉職，有一種難以待下去之感。

③智慧線上出現數條向上的線紋

上升線通常帶有好的涵義，此相會出現在任何工作都處理妥當者的手上。但由於凡事幹練靈巧，反而無法找到自己的適職，結果一再嘗試新的工作。

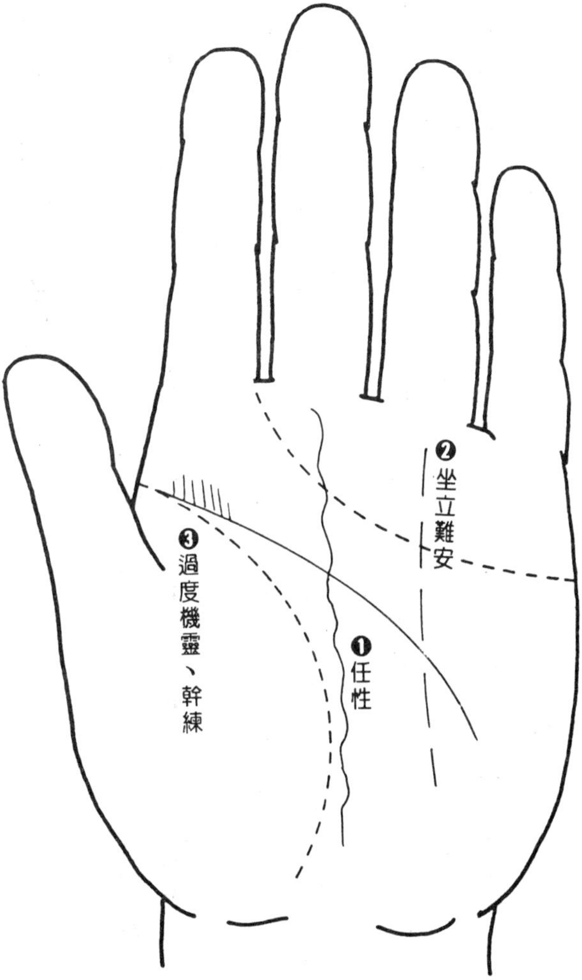
❷坐立難安
❸過度機靈、幹練
❶任性

●根據手型占卜適性

以下，根據手型來探討個人的適職。手相通常可分爲以下七種手型。你是屬於那一型？

(1)**尖頭型**　纖細有如白魚的手，是浪漫主義者。身體不太健壯，因而不適合重勞力的工作。文筆家等桌上作業較適宜。

(2)**圓椎型**　指根粗而指尖細的指頭，開朗而富有社交性，從事推銷或待客業必可成功。

(3)**結節型**　瘦骨粼粼狀而關節突出的手型。知識慾強烈，喜愛孤獨的學者、研究家爲適職。

(4)**圓餅型**　厚實的大手，指尖呈湯匙狀攤開。富由常識而獨立心強，選擇教師的行業必可開運。

(5)**四角型**　整體手指呈四角型的人，屬於實用主義而努力不懈者，適合事務職。

(6)**原始型**　粗短指頭的大手，是生性認眞而專一的人，可謂肉體勞動型之手。

(7)**混合型**　各種手型混合的手是多才多藝的手，因此三心兩意無法落實。必須找到能專心投入的工作。

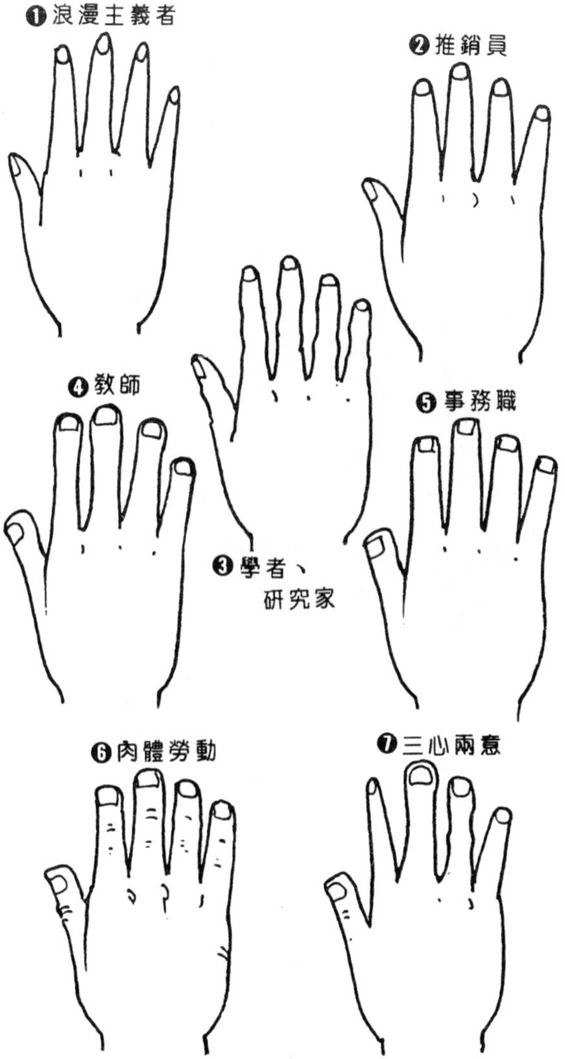
❶浪漫主義者
❷推銷員
❸學者、研究家
❹教師
❺事務職
❻肉體勞動
❼三心兩意

雙重智慧線——頭腦清晰、大膽的自信家

佐野信一　貿易公司董事長　45歲

手上有極爲珍貴的雙重智慧線。此種類型是頭腦清晰、大膽而自信滿滿的人。

但障礙線在三十歲過後橫越生命線、命運線與智慧線，表示這個時期會發生糾紛。事實上，據說他在二十五歲成立公司，但三十二歲時公司倒閉。

障礙線意味疾病、事故、離婚、破產等，如果將來手上出現此線，必須特別注意。

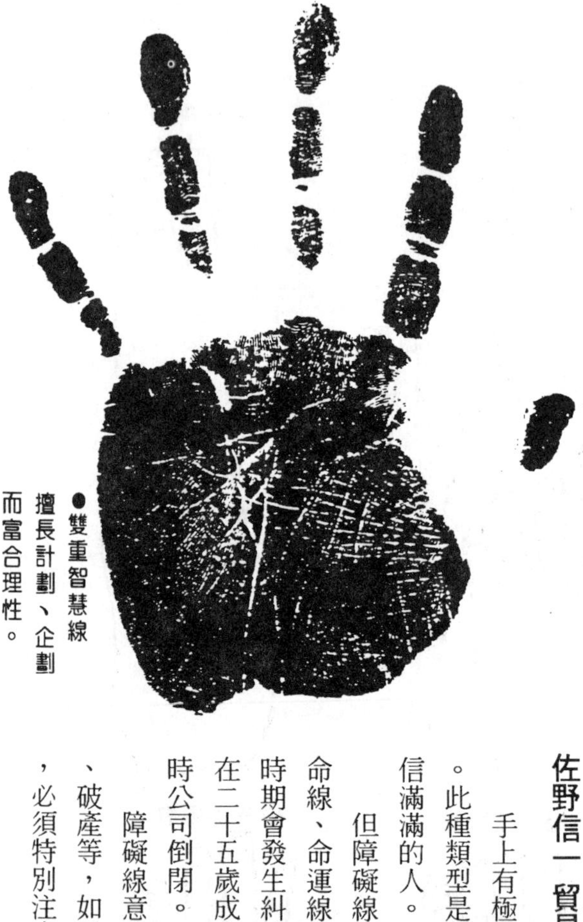

●雙重智慧線
擅長計劃、企劃而富合理性。

第六章
健康運的占卜

●自認爲健康者越危險

多數的現代人，都是身上有某種異常的半健康人。即使是自認爲身強體壯的人，過度自信反而帶來災禍，因自信滿滿而不擅養身，結果慢慢地消耗、毀損身體。此外，便泌、肩酸、肥胖等，一一檢正下幾乎有數不盡的毛病。

手相可以據實地告知身體的各種狀態。當然，它並不像運用科學技術的醫師診斷那麼明確，但在發現症狀之前，可迅速告知身體的狀態，在預防疾病上足以做爲參考。

分析健康運時，主要的線紋是生命線與健康線。尤其是生命線乃是三大線紋之一，是主掌生命關鍵的重要線紋，但卻不可一概而論地斷定，生命線清晰健朗即表示完全健康。筆者一再地贅言，手相必須做綜合性的分析。智慧線或感情線和身體狀況也有密切關係，此外還必須掌握丘或指甲的狀態。

而一般認爲生命線長是長壽，短即短命。其實這也不可一概而論。生命線的長短只是表示體能的強弱，即使生命線短，只要注意手相上其他的訊息，留意過規則的生活，也能長命百歲、身體健康。

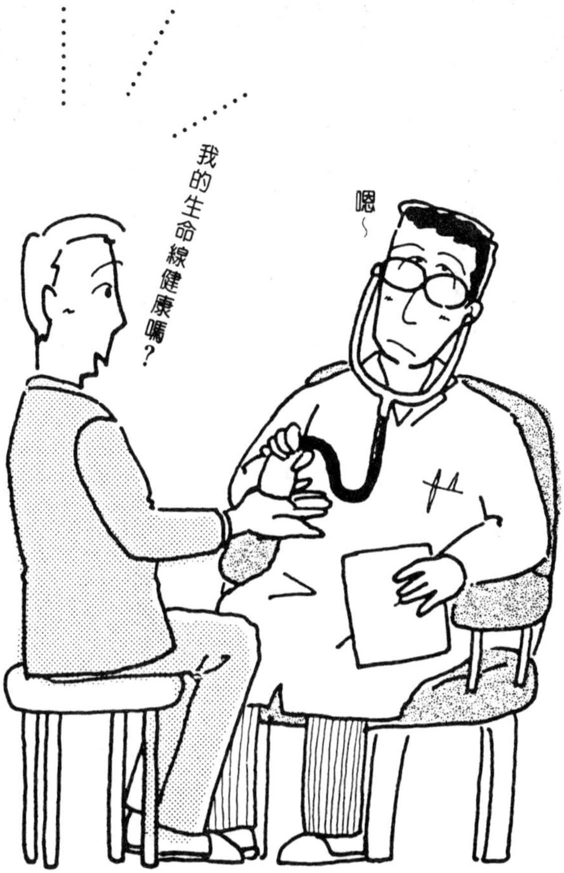
我的生命線健康嗎？
嗯～

●百無病痛的健康

對於粗壯健朗的人，俗話會戲稱為：「殺也不死的人」。其實，社會上的確有身體頑強，幾乎令人以為是百病不侵的不死之身。當然，即使沒有此相，只要刻意地鍛鍊也會使生命線慢慢增強。

①雙重生命線

此線也稱活力線，具有加強生命線涵義的功能。起自生命線的起點附近，走向幾乎和生命線平行。在強有力的生命之外若出現此線，表示具有卓越的生命力，可將疾病驅逐體外。

②從活力線上升的線紋朝向木星丘時

體力、氣力極為充實，使疾病無機可乘。

③從活力線上升的線紋連接命運線時

強韌的體魄與堅強的意志力，工作無往不利。

④彎延到月丘的生命線

偶而會出現生命線延伸到月丘的情況，但相對地金星丘的範圍會變廣。因此，充滿著生命力，可保充實的健康體。

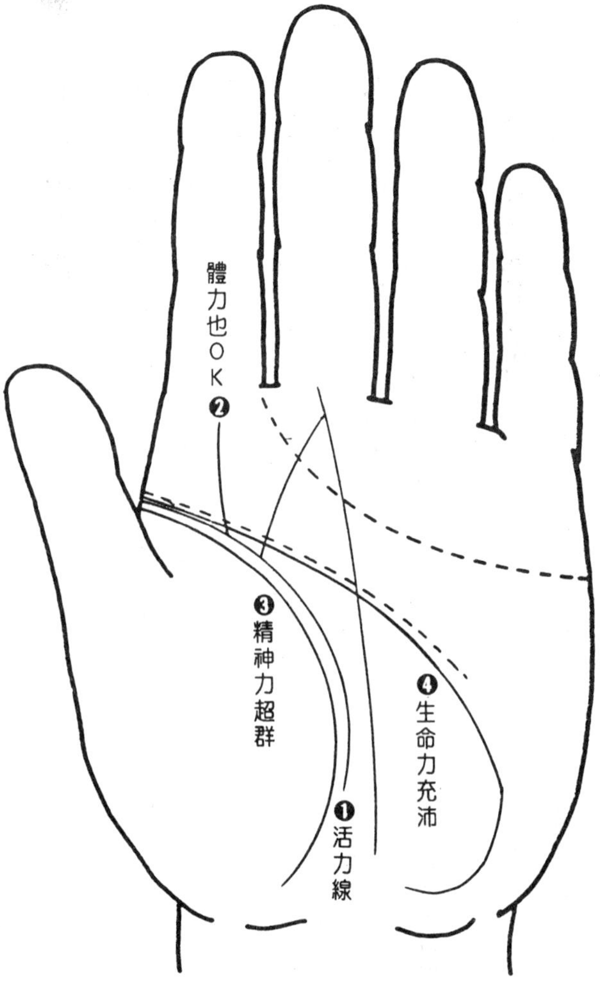
體力也ＯＫ❷
❸精神力超群
❹生命力充沛
❶活力線

●長命百歲之相

強韌而有張力的生命線是長壽的象徵，而此外也有許多表示長壽之相。你的手上若出現此相，只要生活作息保持正常，幾乎可保障長命百歲。

①曲度大的生命線

生命線的曲度大時，金星丘所涵蓋的範圍變廣。金星丘具有健康、壽命等涵義，此丘寬廣表示健康狀態也廣範圍的平安。如果丘或線紋的色澤美麗更是吉相。

②出發點位於拇指與食指中間的生命線

線上無斷裂或紊亂狀，描繪成美麗曲線時，乃是健康的證據，相當好的吉相。性格也開朗，不爲無聊小事悶悶不樂，屬於天眞浪漫型。

③出發點位於食指附近的生命線

金星丘的上部稱爲第一火星丘，此丘意味著體力與活力。生命線的起點落在上方，表示第一火星丘的面積越廣，因而能強化該丘所具有的涵義，是精力充沛而活力旺盛的人。

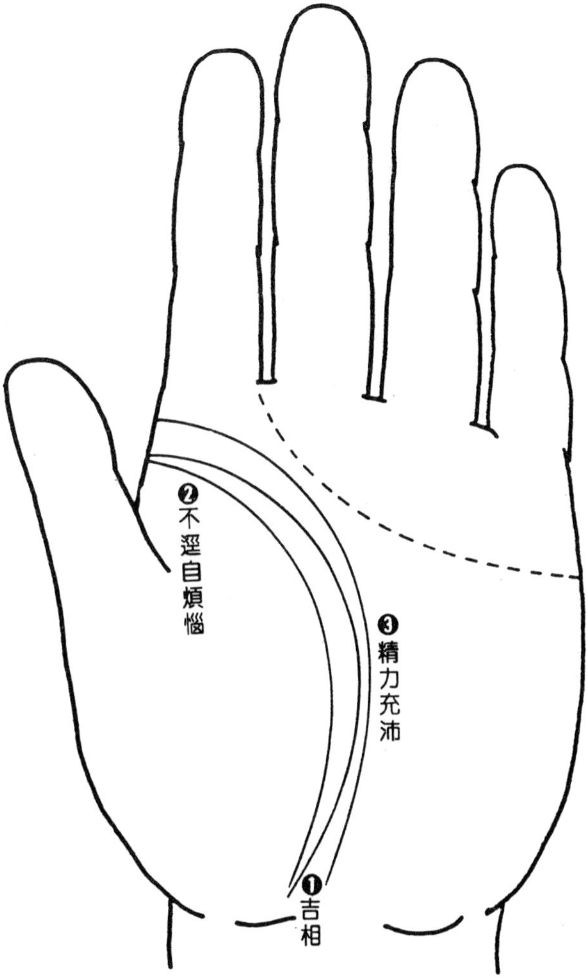
❷不逕自煩惱
❸精力充沛
❶吉相

●循環器較弱之相

心臟和感情線有密切的關係。因此，精神上的不安定也會對心臟帶來影響。

①起自生命線的健康線

表示心臟較脆弱。通常是天生的體質，但也有些情況是因後天因素造成。

②橫越生命線的健康線

這表示內臟，尤其是循環器的障礙。或積蓄疲勞而使得體力相當脆弱。必須確實地保養身體，若出現自覺症狀應儘早找專門醫師診療。

③健康線與感情線的接觸點呈紅色狀時

此二線上有斷裂狀或出現島紋等異常，同時銜接處帶有紅色者，心臟具有異常。有時會出現血壓高、狹心症等症狀，在病情變得嚴重之前應做好預防之策。

④感情線下方出現縱紋時

如果感情線又呈鎖鍊狀，據說很容易染患心臟肥大症。

⑤感情線上的黑點

必須注意猝死等急性心臟病。

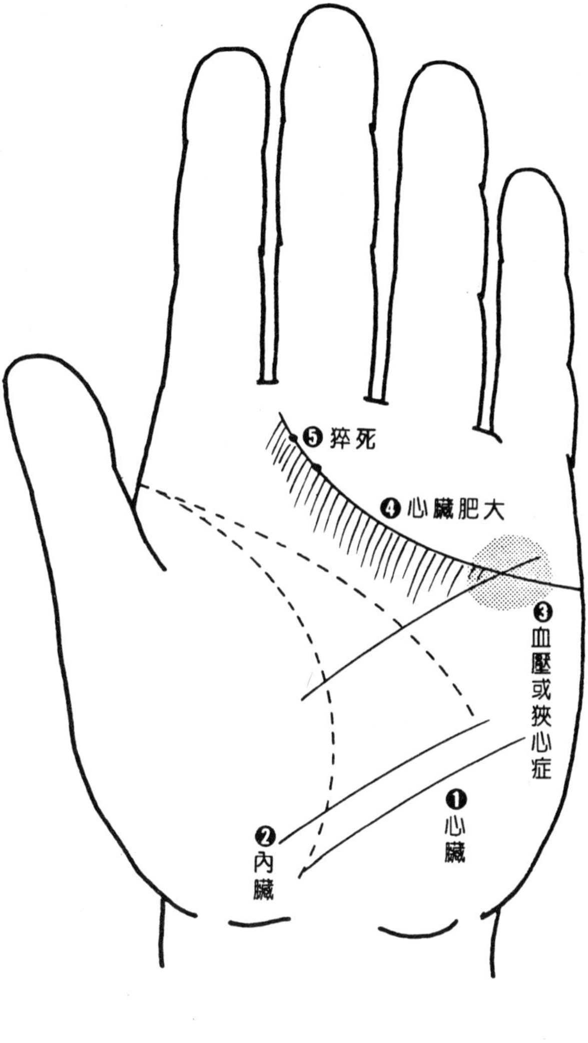
❺猝死
❹心臟肥大
❸血壓或狹心症
❶心臟
❷內臟

●消化器較弱之相

雖然現代是所謂的美食時代，但過食、過飲會破壞身體健康。偶而讓胃腸休息也是非常重要的養生之道。

①斷斷裂裂的健康線

健康線上到處呈斷裂狀者，消化器官非常脆弱。避免暴飲暴食而過著規律的生活，慢慢的會使斷裂處銜接一起，變化爲健康的線紋。

②中途出現島紋的生命線

因壓力或不擅養生而容易染患慢性的胃腸病。爲了避免症狀加劇，應有不偏不倚的飲食生活及適度的運動，留意不要蓄積壓力。

③末端的支線延伸到金星丘的生命線

生命線的下方出現支線，而前端朝向金星丘時，表示因體力的減弱而造成消化器機能衰弱。因此，思考力減弱而無法全神貫注於工作或學業上。

④木星丘與土星丘的中間出線短縱紋

這也是衰弱的消化器所發出的訊號。儘早護理即可使此線消失。

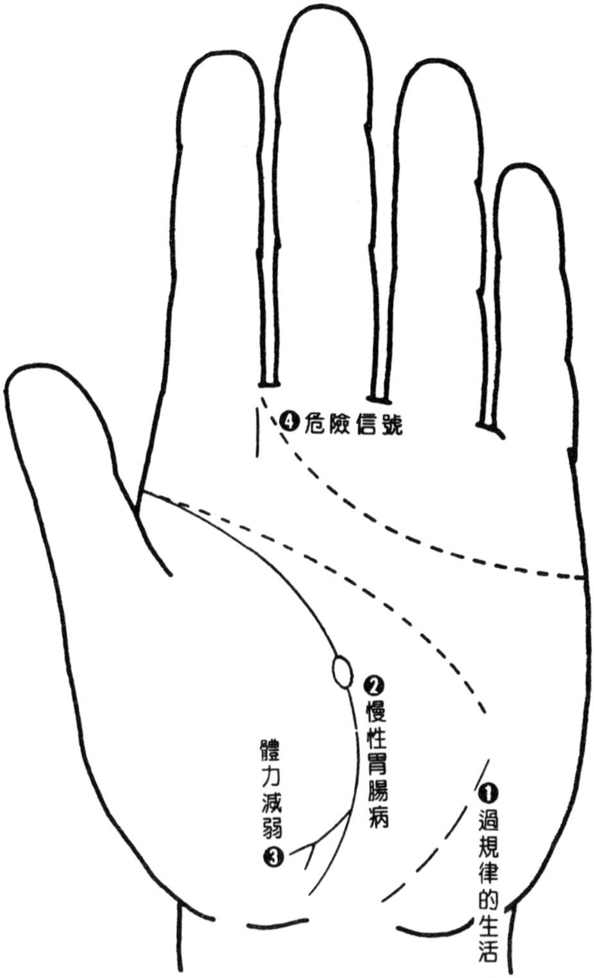
❹危險信號
❷慢性胃腸病
體力減弱❸
❶過規律的生活

●呼吸器較弱之相

因大氣污染，我們的肺、喉深受傷害。如果在手相中發現以下的徵兆，請儘早調養自己的喉部。

①下部有島紋的健康線

下部的島紋中出現細小的雜紋時，表示喉嚨已受傷害。

②呈鍊鎖狀的健康線

線上連接數個島紋而呈鎖鍊型時，也表示呼吸器脆弱。可能演變成對日常生活造成障礙的疾病，必須特別注意。

③與感情線交叉點上有島紋的健康線

因不擅養生或無理強求而感冒，可能傷害到呼吸器。嚴重的情況會演變成支氣管或肺、肋膜等疾病，療癒上必須花較長的時間。這時必須全心注意保養，徹底治療。

④變成鎖鍊狀的智慧線

智慧線上呈鎖鍊狀或線上有許多島紋時，肺部有異常。而且，如果健康線或生命線的線紋紊亂，表示病狀已相當嚴重。

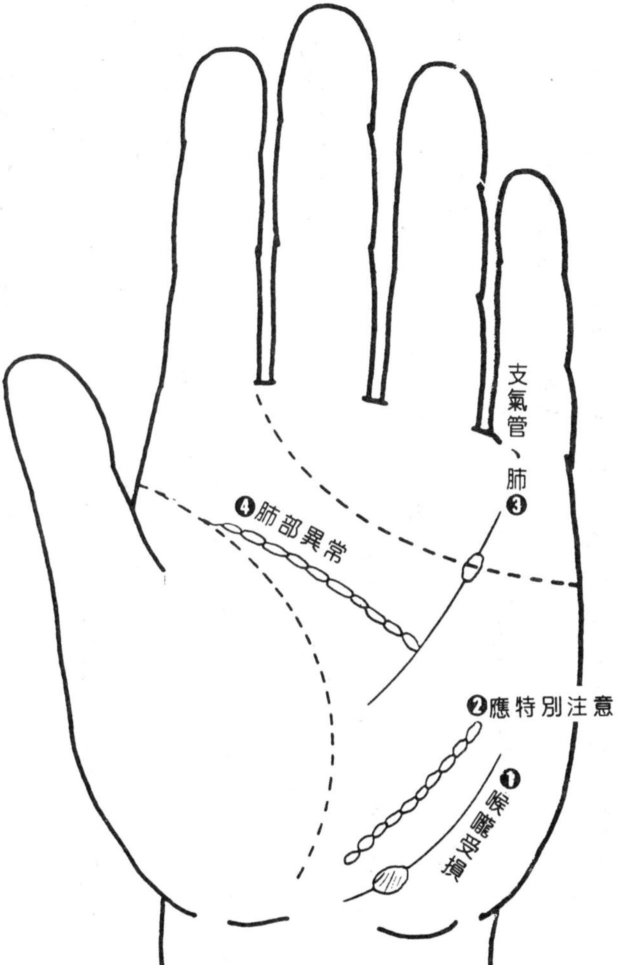
支氣管、肺❸
❹肺部異常
❷應特別注意
❶喉嚨受損

●變成神經病之相

也許是社會結構日漸複雜，有越來越多苦訴因壓力造成精神異常的人。這種情況若持之不減，恐怕演變成神經衰弱等精神疾患。必須儘早處置。

①與智慧線的交叉點上有島紋的健康線

如果智慧線粗大而清晰，可避免嚴重的事態，但智慧線若薄弱而呈蛇行狀，必須注意神經系方面的疾病。

②斷斷續續的智慧線

智慧線呈斷裂狀且感情線較長時，顯得歇斯底里或有病態性的狂怒，心情無法舒坦。同時，可能因意外事故而有腦障礙的危險，請特別留意。

③呈鎖鍊狀的智慧線

也許是壓力過大所造成？無法全心投入工作或學業，行動也變得不踏實。

④末端下降的支線朝向月丘的生命線

此線被稱爲「衰弱線」，當神經特別疲倦時常出現此相。如果線紋周邊帶有灰色，會引起神經衰弱或失眠症等症狀。

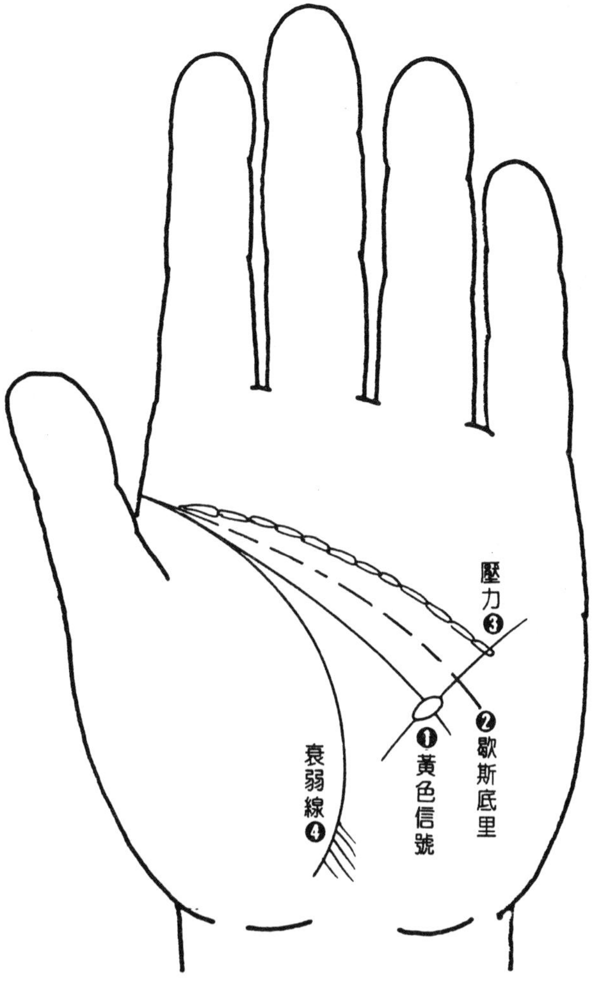
壓力❸
❷歇斯底里
❶黃色信號
衰弱線❹

●造成耳、眼病之相

隨著電腦的普及，在各個工作崗位上有越來越多自覺眼睛疲憊的人。眼睛乃心靈之窗，應特別小心保養。

①中間出現×記號的健康線

線上如果出現×記號，乃是視神經疲倦的證據。這個記號越大症狀越嚴重。必須補充維他命或常到綠意盎然的場所使眼睛休息。如果右手出現此相表示左眼疲勞，左手則表示右眼出現異常。

②無名指正下方出現島紋的智慧線

這是心臟病或眼病的預告，而通常是眼部有異常。

③土星丘上出現細紋時

中指下方所出現的細紋，是表示中耳炎、外耳炎等耳部的故障。雖然並不會對日常生活造成障礙，但必須花費頗長的時間才可完全治癒。同時，此線紋若出現在太陽丘，很容易染患白內障或結膜炎等眼病。

而土星丘上的黑點在耳、太陽丘上的黑點表示眼的異常。

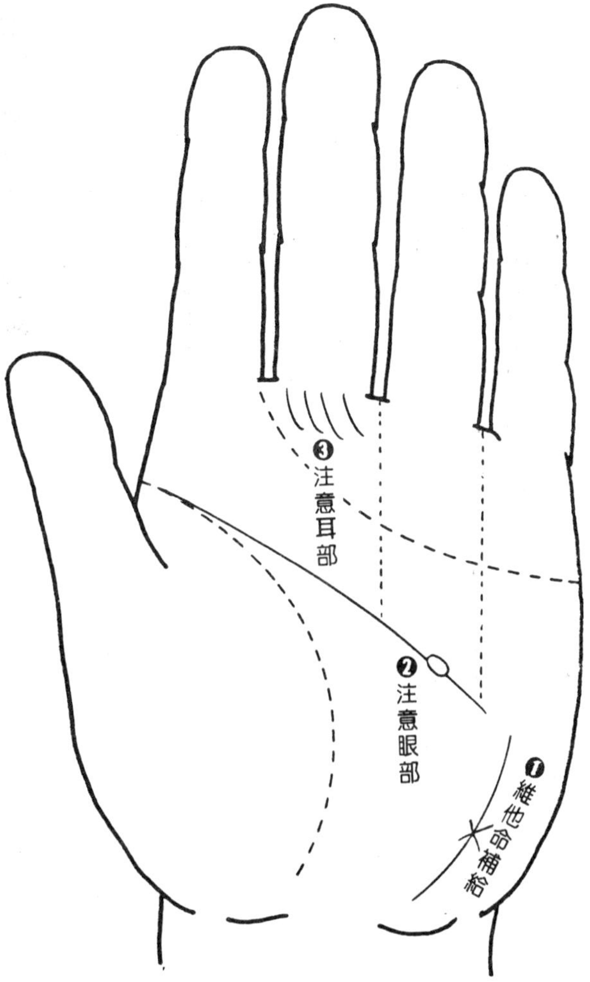
❸注意耳部
❷注意眼部
❶維他命補給

●變成婦人病之相

女性的身體非常細緻。如果月丘上缺乏張力或顏色顯得混濁時，乃是子宮或卵巢發出的警訊。

①上部有細小線紋的健康線

線的上方若出現×記號或許多細小線紋時，表示荷爾蒙異常或生理不順。如果線上發現黑點，情況可能已惡化到必須動手術的程度。

②小指下方出現弓狀的深紋

小指和婦人疾病有密切關係，小指短者容易染患不孕症，即使生育兒女也會因此而體質衰弱或倍嘗辛苦。小指彎曲者是子宮或卵巢有異常。有些人的小指下方會出現深刻的弓型紋，這乃是婦人病中已出現相當顯著症狀的徵兆，可能是子宮後屈症。

③生命線上的島紋出現支線而朝向月丘時

生命線及其支線的交叉點上有島紋，而支線朝向月丘且月丘上有細小格子狀紋時，乃是子宮炎或卵巢炎的徵兆。

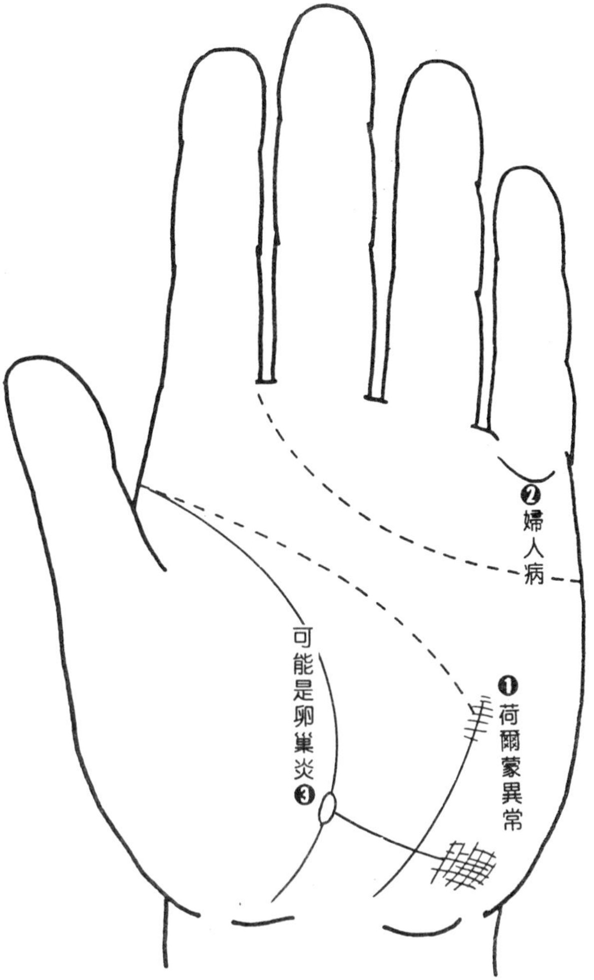
❷婦人病
可能是卵巢炎❸
❶荷爾蒙異常

●積蓄壓力之相

月丘下方有時會出現橫越而過的弓形線，這稱爲放縱線，也是壓力的象徵。

①短的放縱線

這是提醒人，生活過度不正常會引起身體障礙的訊息。藉由充分睡眠、營養均衡及規律的飲食，放縱線會漸漸消失。

②與生命線銜接的放縱線

表示因負擔過重的工作，或緊迫盯人的學業而承受相當大的壓力。如果出現數條這樣的線紋，表示已呈現神經衰弱或腦部疲勞等症狀。必須充分休息，讓身心復甦。

③放縱線上出線×記號時

計劃旅行的人應特別小心。因爲，這暗示在旅遊地上的受傷或疾病。停止旅遊或決定旅遊之時，提高警覺避免遭逢災難。

④放縱線上出線島紋時

因暴飲暴食或過勞而將倒地之前。棄之不顧恐怕有內臟疾病的發生。

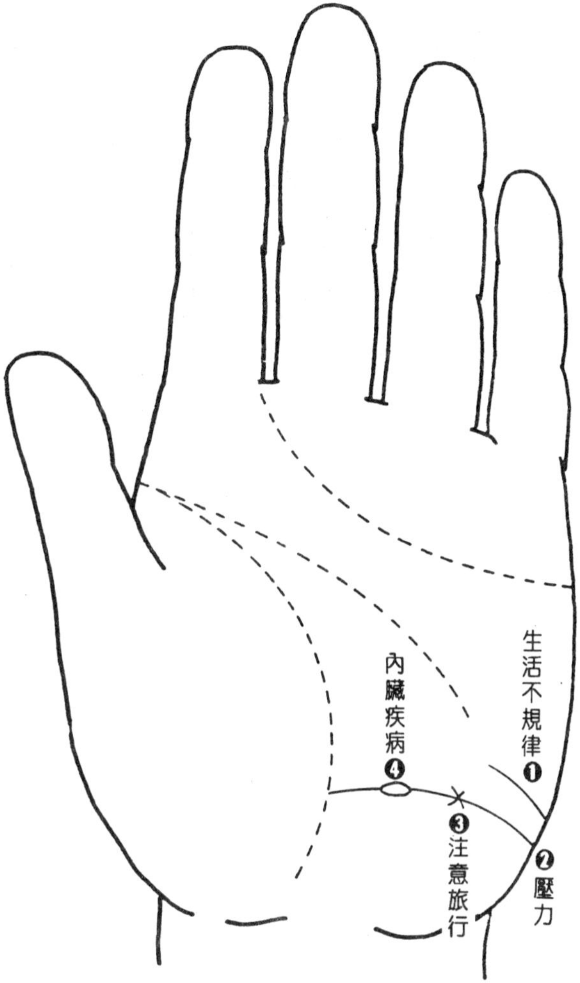
內臟疾病❹
生活不規律❶
❸注意旅行
❷壓力

●虛弱體質之相

有些人即使沒有特定的疾病，但體質卻顯得衰弱。尤其是擁有以下諸相者，爲了擁有健康的未來，從現在開始必須努力強化體魄。

①尾端有數條支線重疊的生命線

做任何事都容易疲勞且身體立即失調。性格上也屬神經質，通常會逕自煩惱或變得消沉，首先應留意放開心胸，以樂觀的角度分析事物。

②末端下降的支線位於兩側的生命線

天生體力欠佳，也缺乏抵抗力。尤其是晚年，恐怕要過著與疾病爲伍的生活。留意規律的生活並有充實的飲食生活，是最珍貴的治療法。

③變成鎖鍊狀的生命線

薄弱而缺乏曲度的生命線或到處呈鎖鍊狀的生命線是表示體質衰弱，無法酷使體力。同時，性能力也不強，生活缺乏魄力。

④手掌整體出現細小橫紋

從拇指根朝向手掌中央出現無數細紋者，身體狀況非常差。

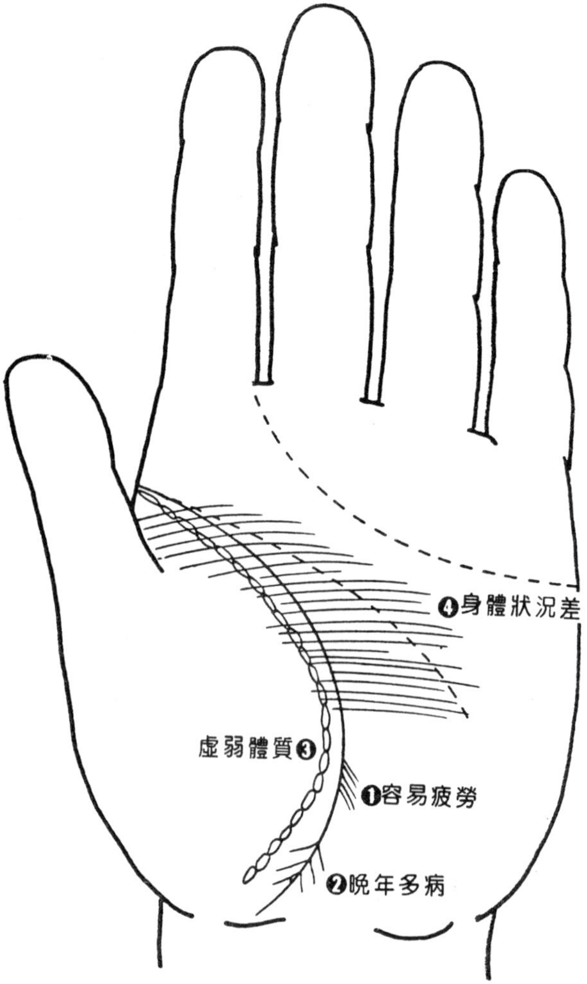
❹身體狀況差
虛弱體質❸
❶容易疲勞
❷晚年多病

●出現急性疾病危險之相

因過勞或長年的壓力累積，突然大病襲擊而一病不起的商業戰士與日俱增。爲了避免自覺身體不適而爲時晚矣的悔恨，出現以下危險訊號時，必須確實檢查身體狀況。

①出現斑點的健康線

健康線上出現黑色斑點，表示內臟的急性疾患。如果斑點出現數個，可能已染患必須動手術的大病，應特別注意。

②出現斷裂痕的生命線

在斷裂處會有急性重病。斷裂痕越大疾病越嚴重且會拖延難治。兩手都出現此相時，恐怕有生命危險。在情況無法收拾之前，儘量致力於預防與治療。

③斷裂處有角紋的生命線

即使是優游於生死關的疾病，當斷裂處有角紋圍住時，表示九死一生。

④短而粗的線橫越生命線時

橫越線清晰而粗大時，表示突然有重病襲擊。

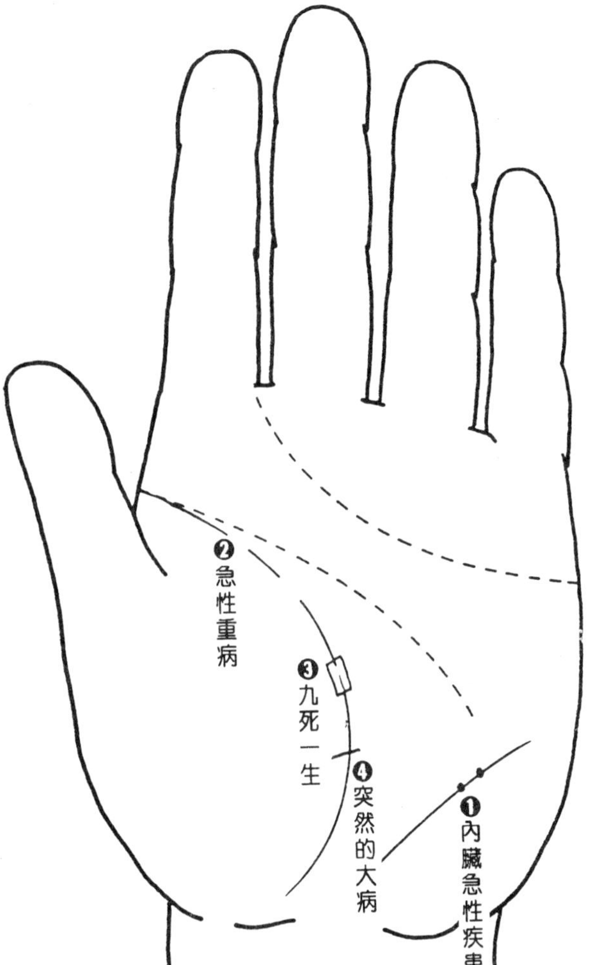
❷急性重病
❸九死一生
❹突然的大病
❶內臟急性疾患

●受傷或災難之相

在我們的生活中有許多意想不到的事件發生。譬如，走在馬路上被車撞、安居家中也有地震、雷擊、火災或遭遇小偷等……。但防不勝防的災難，從手相也可看出端倪。

①有×記號的智慧線

智慧線斷裂或有×記號者，是屬於容易遭逢意外的類型。出現此相時應特別留意開車等情況。

②土星丘的島型延伸的下降線橫越生命線時

在生命線橫斷之處，可能有造成生命危險的重大傷害。

③末端呈×記號的生命線

生命線的末端被×記號或橫線遮攔時，表示容易遭逢意外傷害或突發事故。

④線上出現星記號或十字紋時

表示突發性的衝擊。可能是受傷或燙傷、傳染病。盡早處置以避免事態變得嚴重。

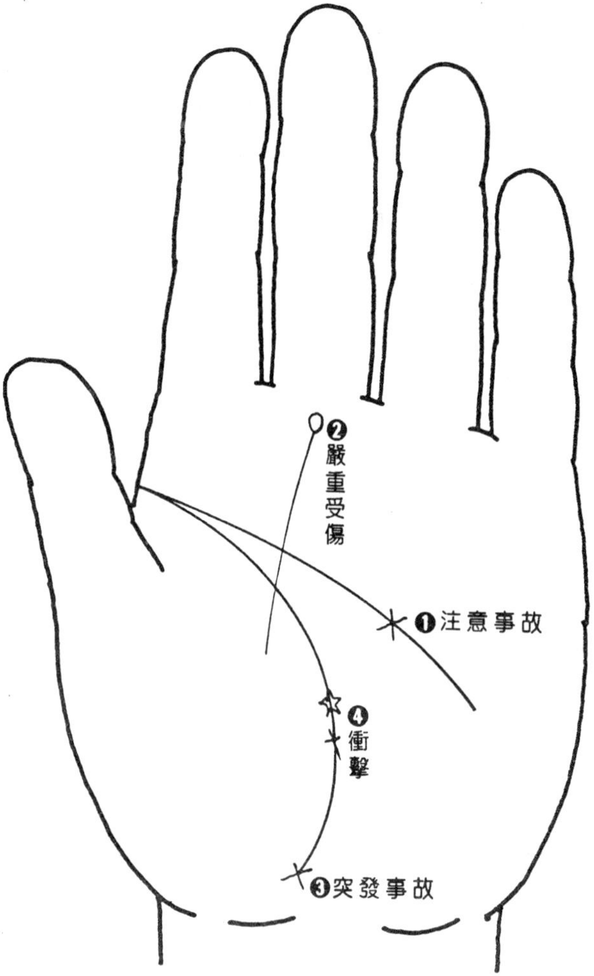
❷嚴重受傷
❶注意事故
❹衝擊
❸突發事故

●根據指甲形狀占卜

據說早在古希臘時代，已有指甲的研究。指甲每天都在變化，因而也是具實傳達健康狀態的場所。首先我們來分析指甲的形狀。

①**一般大小的指甲**　指甲長度與寬幅是呈四比三的比率，位於各指末節二分之一的部位。呈粉紅色而指甲質良好，表示身體狀況極佳。

②**大而長的指甲**　指甲大有如覆蓋手指整體的人，是神經質。應注意呼吸器官的疾病。

③**小而短的指甲**　心臟或血壓、身體下部有缺陷。

④**寬幅的大指甲**　這種類型也應注意心臟或血壓疾病。

⑤**倒三角形的指甲**　常見虛弱體質者，略帶貧血也無抵抗力。

⑥**三角形的指甲**　喉嚨、胃腸較弱，感冒後拖延較久。

⑦**湯匙形的指甲**　有可能傷害到呼吸器。

⑧**反翹的指甲**　注意動脈硬化。容易偏食而造成營養不足。

⑨**長而細的指甲**　容易染患脊椎骨瘍等骨骼疾病。

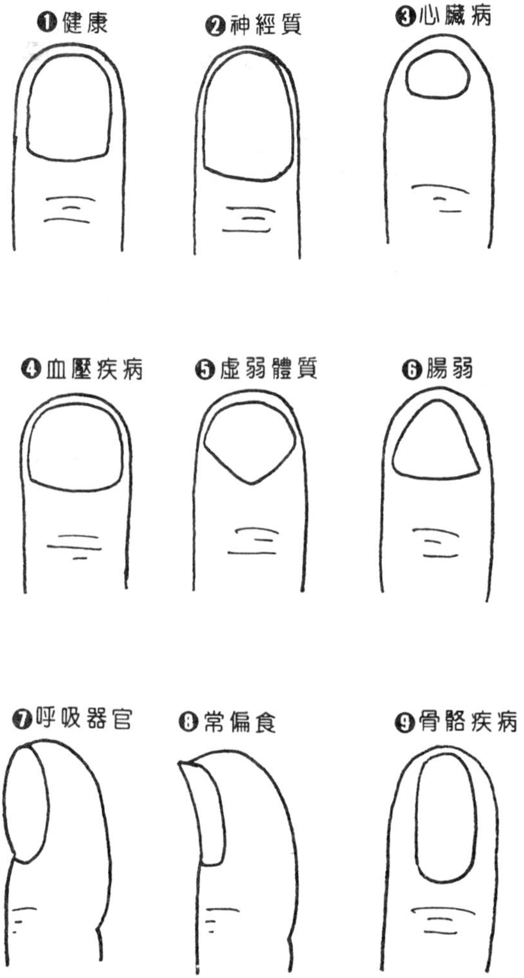
❶健康
❷神經質
❸心臟病
❹血壓疾病
❺虛弱體質
❻腸弱
❼呼吸器官
❽常偏食
❾骨骼疾病

●根據指甲顏色、模樣占卜

指甲顏色及表面上的徵兆也是身體狀態的表徵。隨時留意並自我檢正。

①**有縱紋的指甲**　因過勞造成神經衰弱的徵兆。

②**有橫紋的指甲**　表面上出現深溝時，似乎較易染患脫腸或痔。

③**有凹痕的指甲**　壓力過重而造成身心失調。

④**有白點的指甲**　鈣質不足。也是疲憊不堪的徵兆，應補充營養。

⑤**有半月型的指甲**　指甲指根的白色半月狀已佔指甲長度的五分之一爲標準。如果五根指頭都有這種半月狀，身體非常健康。但半月狀佔居指甲一半以上時，應注意心臟的疾病。完全沒有半月狀者血液循環較差，容易染患畏冷症或貧血症等的體質。

⑥**粉紅色的指甲**　光滑而呈粉紅色的指甲是健康的徵兆。身體狀況極佳。

⑦**紅色指甲**　恐怕有高血壓、腦溢血的危險。

⑧**黃色指甲**　表示肝臟方面有障礙。

⑨**慘白的指甲**　虛弱體質、缺乏體力。

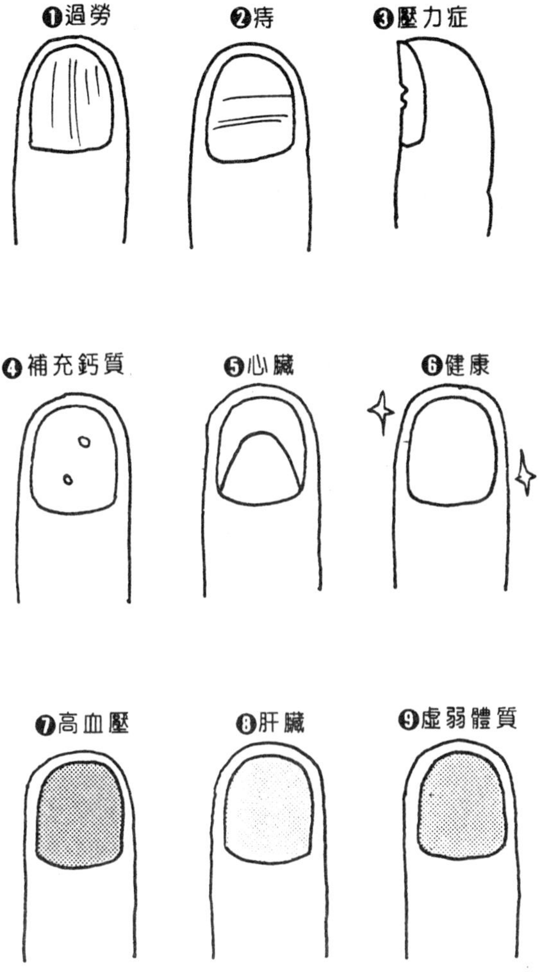
❶過勞
❷痔
❸壓力症
❹補充鈣質
❺心臟
❻健康
❼高血壓
❽肝臟
❾虛弱體質

從感情線上升的太陽線——晚年成功

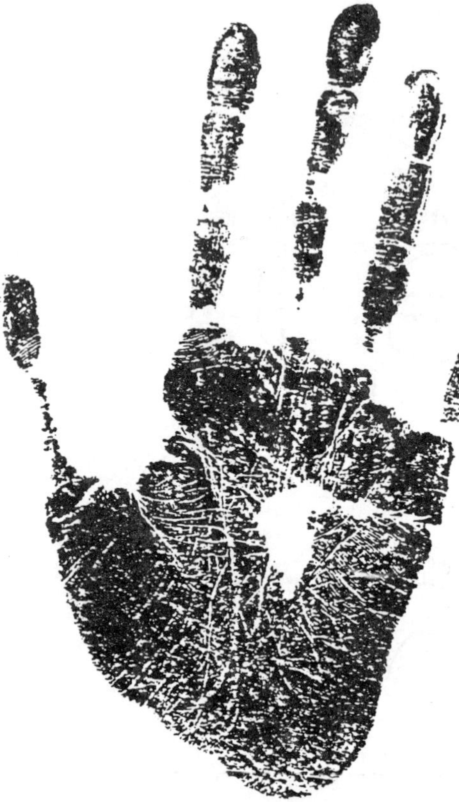

●太陽線
因努力而呈現在手相上的類型者的幸運線。

田村良二　公司董事長　50歲

田村先生從四十三歲開始經營顧問公司，但之前的三十歲後半因事業失敗，不但放棄家庭，也離了婚。

從感情線上升的太陽線意味著晚年的成功，也表示年輕時代的努力會開花結果。

也許這太陽線是當事者努力的結果，也有可能到了晚年才出現。

若能注意身心的健康且持續努力，讓這條太陽線更爲粗大而長，運勢必佳。

第七章

綜合運的占卜

●強運相的典型

左圖所示的手相乃強運之相。有這類手相者的手通常厚實，各丘豐盈隆起，縱線醒目。

①生命線粗而深時

這是精力充沛的證明。天生強運之人。

②命運線筆直而清晰

這也具有充足的馬力。足以成爲領導者的資質，卻不可過度自信。

③太陽線長而清楚

獲得社會極高評價與名聲而成功的大吉相。最好和有這條線紋者交往。

④⑤⑥⑦　都是大吉相，只要有其中數條線紋就是幸運。④是財運線，最好只有一條，而越長者越是吉相。⑤稱爲希望線，不論發生任何事都不屈不撓，勇往前進、努力不懈者之相。

⑥鮮少出現卻是大吉相，做任何事都可順遂己意的領導者類型。

⑦是具有商才者，飲食等物質生活都無匱乏。

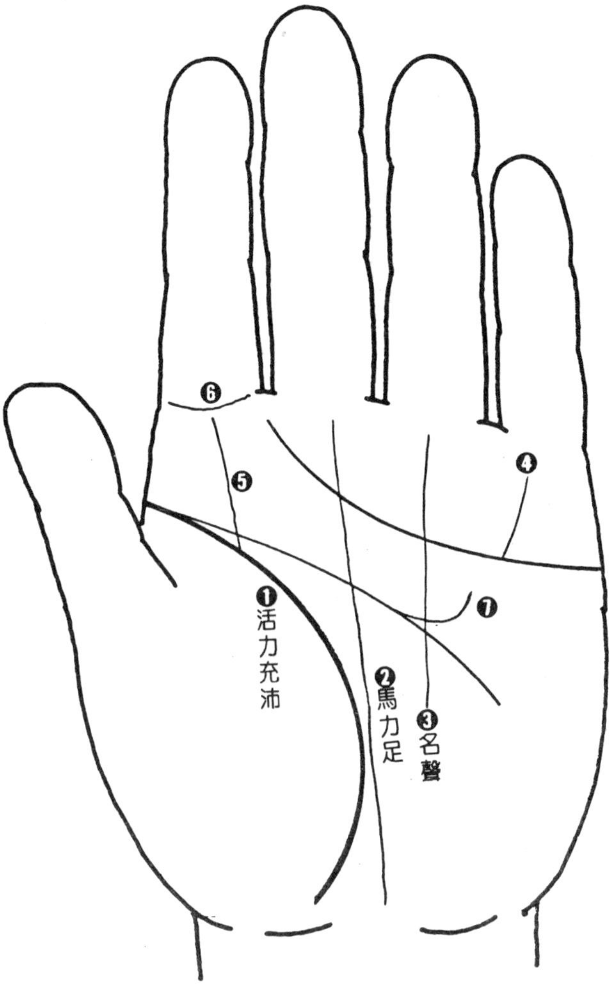
❻
❺
❹
❼
❶活力充沛
❷馬力足
❸名聲

●根據生命線占卜運勢

根據以下所列舉的生命線、命運線、智慧線、感情線等四大基本線，可以掌握六成到八成的性格與運勢。在此介紹代表性的例子。

①**最強運**

如圖所示線紋粗而清晰，而且延伸到手掌中央部的人，非常強悍，絕不因細微小事而挫折。擁有強盛的精力，即使遇到逆境也不認爲是逆境。

②**細小斷裂**

細而斷裂的生命線是危險信號。若有島紋者表示該時期有身體不適的危險，應特別注意。但是，即使斷裂卻有一條複線則無所謂。

③**注意晚年**

因環境變化等可能造成健康狀態暫時的失調，從年輕時應注意節制。

④**略帶疲勞**

出現此線是壓力過重而造成身體失調，儘量讓身體休息。也可利用旅行等轉換心情。

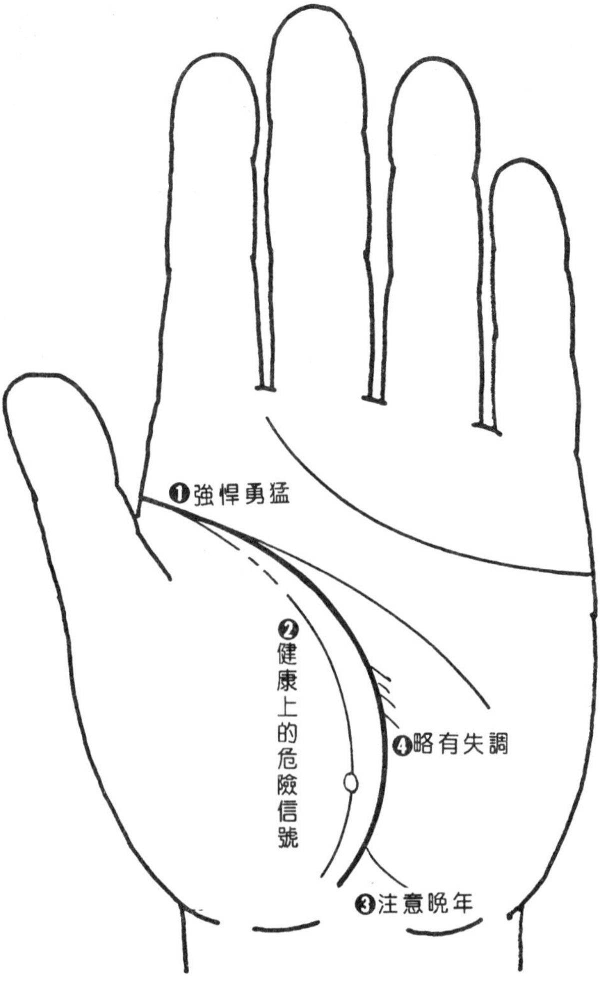
❶強悍勇猛
❷健康上的危險信號
❸注意晚年
❹略有失調

●根據命運線瞭解吉凶

粗而長是吉相，但卻少見此相。以下介紹四種類型的命運。

①無懈可擊的吉線

頭腦清晰，努力就會成功，令人欣羨之相。態度開朗，為理想鬥志高昂。有魄力的人。

②周遭者為助力

父母或兄弟、祖父母或妻子的娘家等身邊的人，將成為有力的支援者。繼承家業或擁有不動產。這樣的人應特別注意親戚間的往來溝通。

③援助運

以各種形式接受朋友或工作關係者的協助與支援，掌握運勢的人。個人人格使然吧，凡事通暢無阻。事實上在工作方面，通常是對方主動洽談生意而非自己積極求取。這種人保持暢通的人際關係乃是開運的重點。

④途中斷裂之線

在此時期（附圖是三十二歲左右）會變更工作或結婚而擁有幸福。但斷斷裂裂過於頻繁的線紋，表示意志力薄弱。

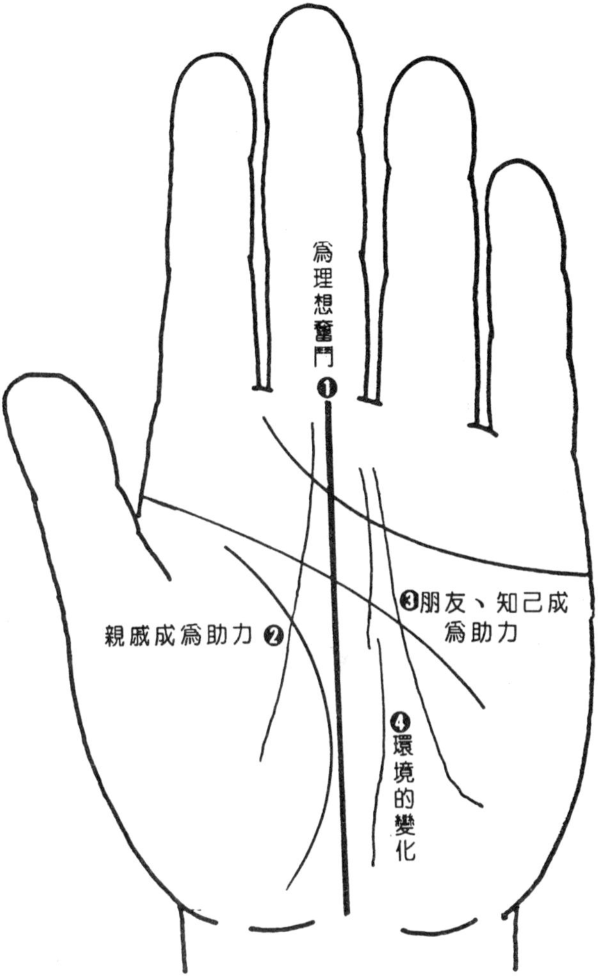
爲理想奮鬥
❶
親戚成爲助力 ❷
❸朋友、知己成爲助力
❹環境的變化

●根據智慧線掌握性格

從智慧線可瞭解性格、特質。一般而言，智慧線越接近感情線，較為現實而精打細算，能以論理常識劃分事物、釐清界線。而智慧線朝下方的生命線接近時，乃是浪漫主義者，喜愛文學或宗教，富有幻想力。

①**標準型**　生命線和智慧線的起點在同一位置，具有極佳的常識與平衡感。但也許會被認為稍欠趣味性。

②**斷裂或重疊型**　似乎不暢快而情緒難以落實。常發牢騷、抱怨，應特別注意。

③**朝下降**　愛作夢的人。喜愛小說而沉溺於自我世界中。這種人不擅長理科與數學。

④**大膽型**　有時會有令周遭瞠目咋舌的斷然舉止。智慧線從生命線上方出發者，如圖所示越接近感情線越是合理主義者。隨時渴望進步、發展的人。

⑤**支線朝上**　呈二分叉的支線，其中一支朝上者，具有商才。

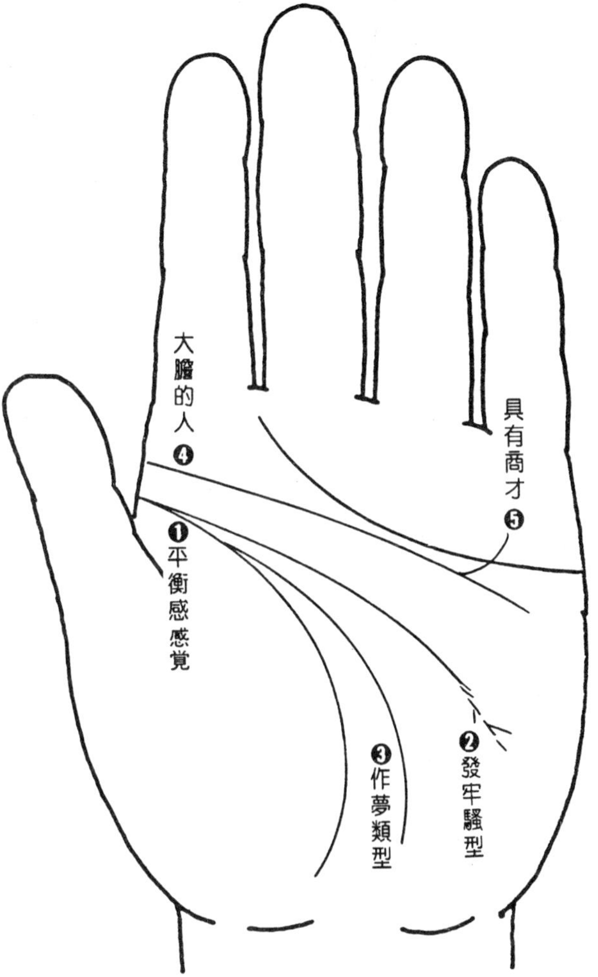
大膽的人❹
具有商才❺
❶平衡感感覚
❸作夢類型
❷發牢騷型

●根據感情線判斷人品

感情線可以瞭解是否具有豐富的感情或冷淡？愛情模式如何……等等。

①具有平衡感

標準的線紋。不會沉溺於愛情也不過於冷淡。平衡感極佳的人。

②較長的人

感受性強而愛情也豐富。個性溫和含蓄，可以包容他人。但另一面是過於慎重，因遲遲不下決斷而感到麻煩。如圖所示，前端分叉而其中一支朝下，最好注意女性之間的問題。

③重疊線紋的人

感受性豐富。有時可能也有煩惱，但具備極佳的藝術感覺。愛情豐富也深獲他人的喜愛。不過，支線朝下時性慾非常強，相對地性慾強而感情淡泊。

④現實的人

感情線短的人給人冷淡、冷靜之感。非常現實，會具體地讓自己處於優勢地位，絕不爲他人盡心盡力。很容易變成以自我爲中心。

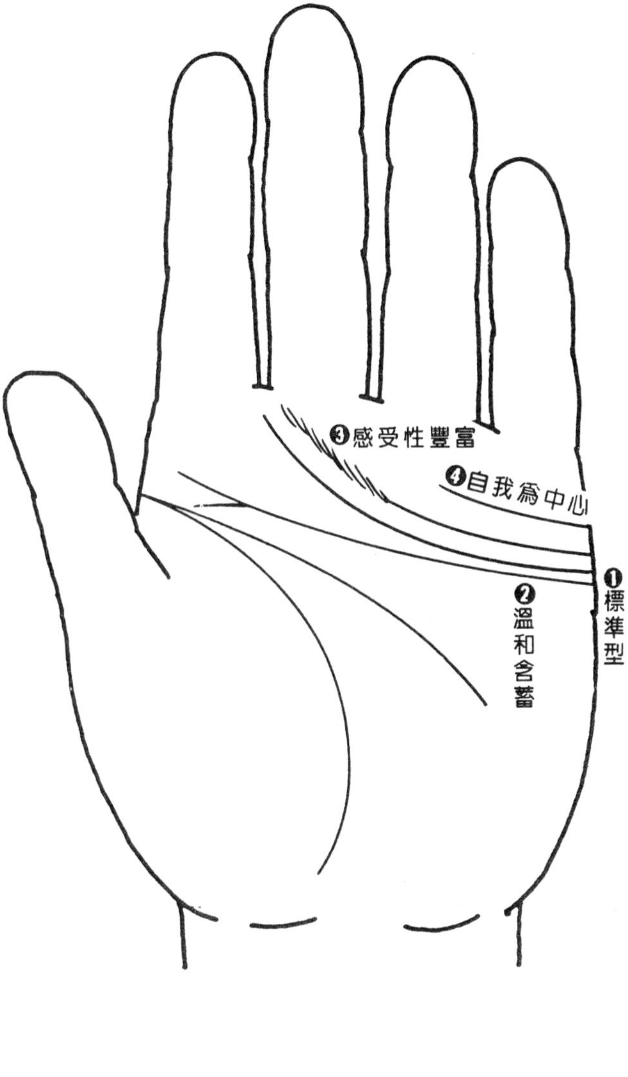
❸感受性豐富
❹自我爲中心
❶標準型
❷溫和含蓄

●分析開運期①

人生有三次大機會的來臨。是否能掌握難能可貴的機會，乃是成功與否的關鍵—我想各位也曾聽聞過此事吧。這個機會正是所謂的開運時期，手相大致可掌握這個時期。

而分析的方式有兩種。其一是根據生命線所延伸的縱線。另一條是命運線的支線。在此首先從生命線做介紹。

大致的年齡是以整體分割爲一半的四十歲。食指指根寬幅的部份是二十歲。這兩點中間是三十歲……如圖所示。這乃是平均的歲數推算，因人而異，多少有誤差。

①**二十五歲時**　發憤圖強，努力再努力而掌握幸運。

②**三十二歲時**　升官或周遭環境轉變而開運。

③**四十歲時**　財運佳，受親戚之助而飛黃騰達。可能擁有自宅。

④**五十二歲時**　成爲負責人或自創事業而開運。

實際上必須以綜合的角度來分析，而上述是基本的分析法。

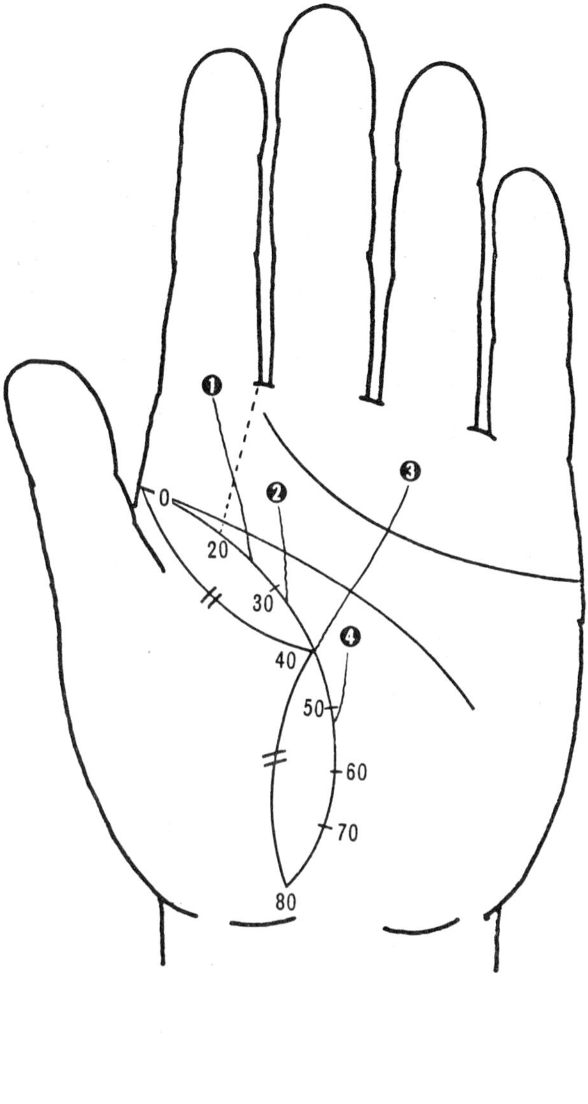
❶
❷
❸
❹
0
20
30
40
50
60
70
80

●分析開運期②

以下針對從命運線支線上升的開運線做一番分析。

大致的年齡如左圖所示。手腕最上方的線紋和中指指根之間的中間點是三十歲，與智慧線的交叉點是三十五歲、與感情線的交叉點是五十五歲。而三十歲的位置和手腕線紋的中間點是二十歲。

分析太陽線時也根據這個分析方式。

請看左圖。

①**二十歲和三十歲之間**，因而判斷是二十三歲左右。這個年齡有一條朝向太陽丘的清楚線紋，是暗示可向第二個工作挑戰而能成功，或在這個年齡結婚，可因而擴展運勢的幸運記號。

②**正好是三十五歲**。表示工作方面可能因轉職，或向新的分野嘗試而有幸運的降臨，或未婚者可能走上紅毯一端。

③**是三十五歲的時期**，這時成功的機運更爲明確，也附帶有社會評價或名聲的含意。

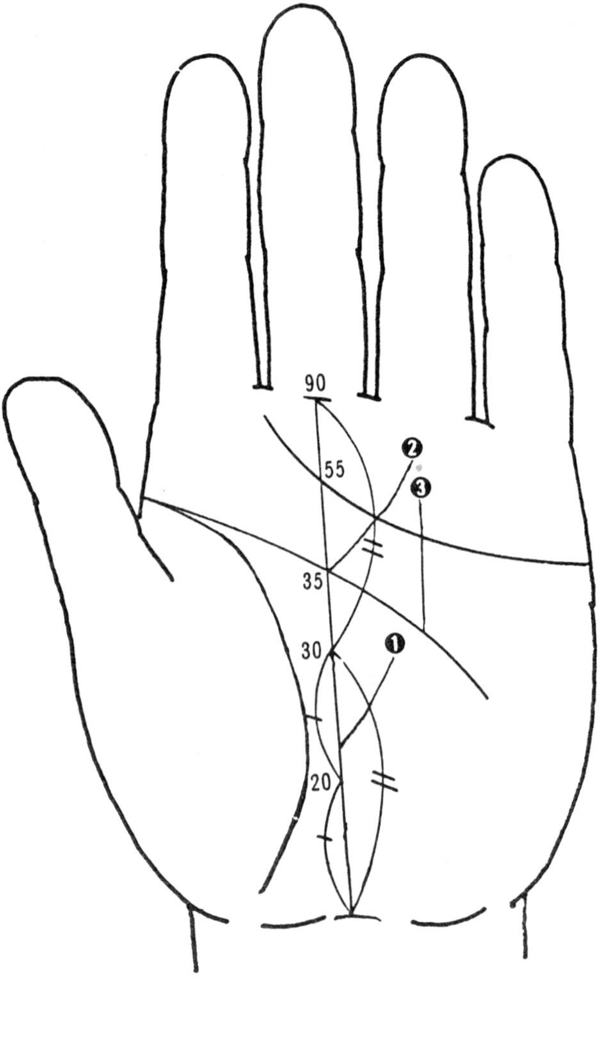
90
55
❷
❸
35
30
❶
20

●旅行運之相

旅行在現代人眼中是心之所向即可行之的活動。但是，旅行中的事故依然層出不窮，有時也可能發展爲轟動社會版的大事件。爲了避免旅途中發生悲慘的狀況，在旅遊之前應做好確實的分析。

①呈小分支的旅行線

在生命線靠近手腕位置的尾端分叉爲二之相，此線特稱爲旅行線。出現這樣的旅行線時，表示不久的將來有旅行的機會，或預告因出差等而有生活型態上的變化。

②從月丘出發的橫線

從月丘出發而朝向手掌中央的橫線，也是旅行線的一種。此相表示不久的將來有旅行的機會。如果這條線紋朝向手腕呈彎曲狀時，恐怕會有事故而遭逢不幸。同時，此相上若有角紋，表示即使在旅行中遭遇災難，倒可平安無事逃過一劫。

③有島紋的旅行線

①或②的旅行線上出現島紋時，也表示旅行途中有某種糾紛的產生。

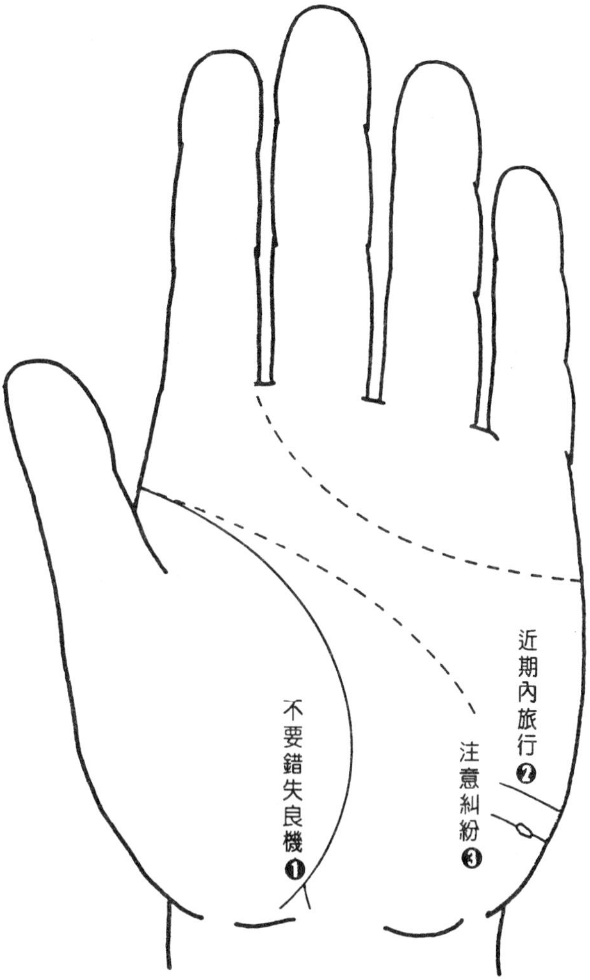
近期內旅行❷
注意糾紛❸
不要錯失良機❶

●占卜海外生活運

一般人到國外旅行二、三星期，通常會留下美麗的回憶。但長期留學或出差又另當別論。因爲，必須在風俗習慣、語言不同的國度用功學習或工作，所承受的壓力非常大。但是，若是以下諸相者，上述的疑慮都是多餘的，這些人到任何國度都能適應良好。

①大分叉的旅行線

生命線的前端分叉爲兩條長支線時，表示長期的旅行。換言之，因到國外求學或赴任、移民等至少一個月會離開國內。對出國遊學或轉職不知如何取決的人，如果手上出現此相而無島紋等異常線紋時，似乎可以斷然成行。

②從生命線朝月丘延伸的支線

具有比一般人更強的冒險心，富有行動力。因此，此相者可以離開自己的故鄉，在遙遠的國度自創一片天空。不論在國內或海外都一樣。只要線紋不出現紊亂必可成功，將能衣錦還鄉。

③生命線的下部出現同樣曲線的線紋

此相者可以擁有兩個環境不同的生活空間。不論在國內或國外都相當活躍的人。

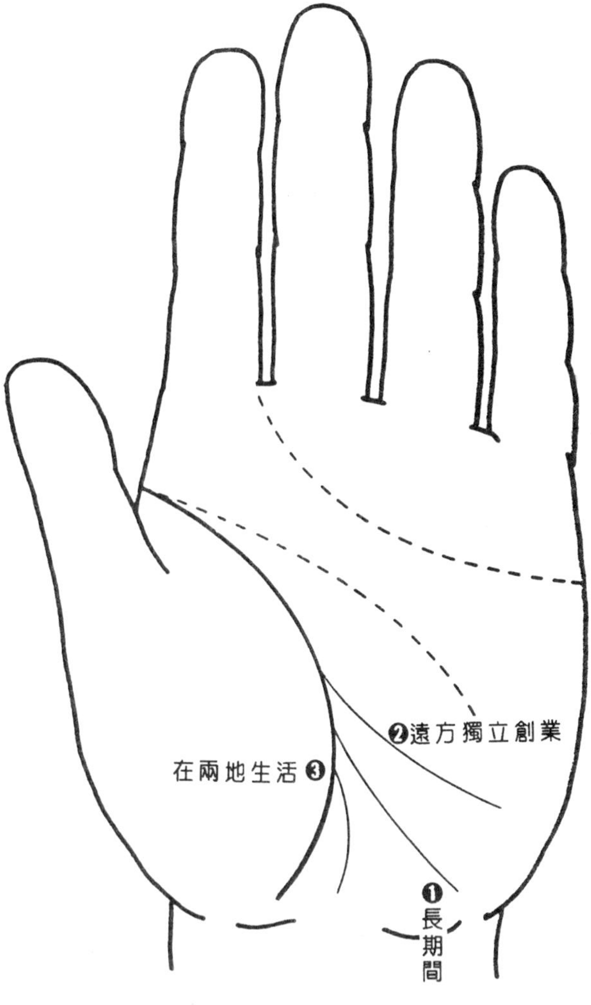
❷遠方獨立創業
在兩地生活❸
❶長期間

●占卜靈感度

不久前相當流行彎曲湯匙等超能力，而最近超能力又再度風靡媒體界，造成一股風氣。不論那個時代，神秘的事物或無法親眼目睹的無形能力的存在，總令人產生興趣。我想任何人都非常在意，自己內在是否具有這樣的靈感或神秘力量。如果你的手上出現此相，可以斷定你是信仰極深，而具有卓越靈能力的人。

①感情線與智慧線之間的橫線與命運線交合呈十字形

此相稱爲「神秘十字形」有此相者信仰極深。通常具有神秘的能力。同時，據說此相者擁有強旺的運勢，即使遭逢意外也能死裡逃生。也許是平常信仰的果報，但通常是因祖先積德受其庇佑的幸運人。

②拇指第一關節出現的目形

這是所謂的「佛眼」之相。自古傳說擁有此相者乃是具有靈感或神通力之人。和此相者碰面，一切完全在其掌握之中，千萬注意爲要。

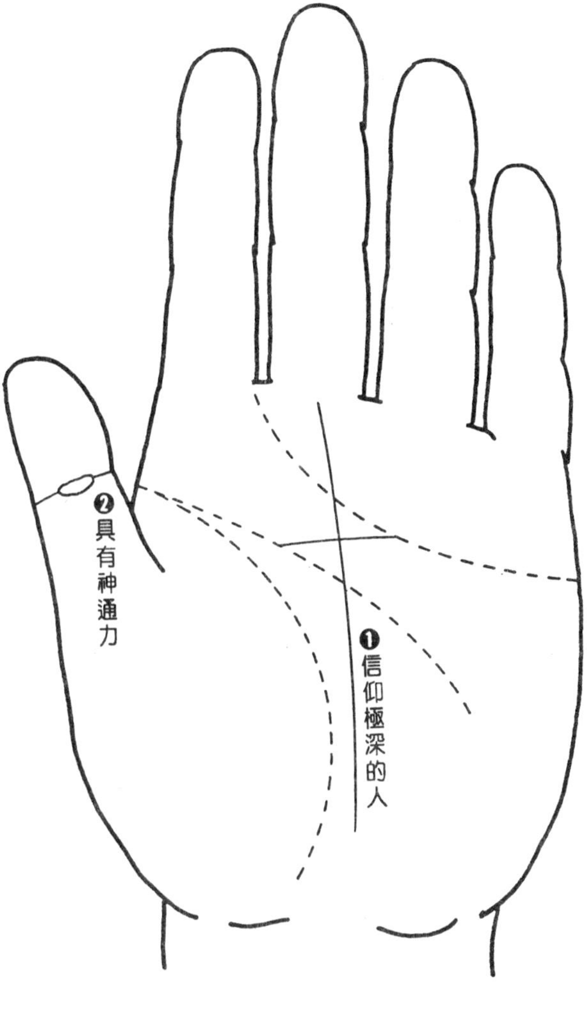
❷具有神通力
❶信仰極深的人

●線紋多之相、少之相

從許多經驗發現，人的確不可因外貌或其氣質做爲判斷的依據。有些人乍看下五官細緻顯得神經質，但鑑定其手相時，發現手上細紋少、個性大膽，應是不爲小事挫折氣餒的活動派類型。這類情況時有所見。

以體力決定勝負的運動員，通常手上的細紋較少。他們都喜愛行動，待在室內是件苦差事。

相反地，細紋較多者神經細膩，感受性敏銳，往往思慮過深的類型。雖然行事慎重而冷靜，卻也有欠缺決斷力的一面。

①縱細紋多

縱向的細紋基本上是能招致幸運的線紋。手腕表示大地，指尖代表天。因此，縱紋是意味從大地朝向天空，運勢扶搖直上的強運，因而能掌握成功。

②横紋較多

這是阻撓朝向天空的體能（運氣）的線紋，因而基本上代表負面的運勢。凡事若朝負面解釋，横線會越來越多，應特別注意。

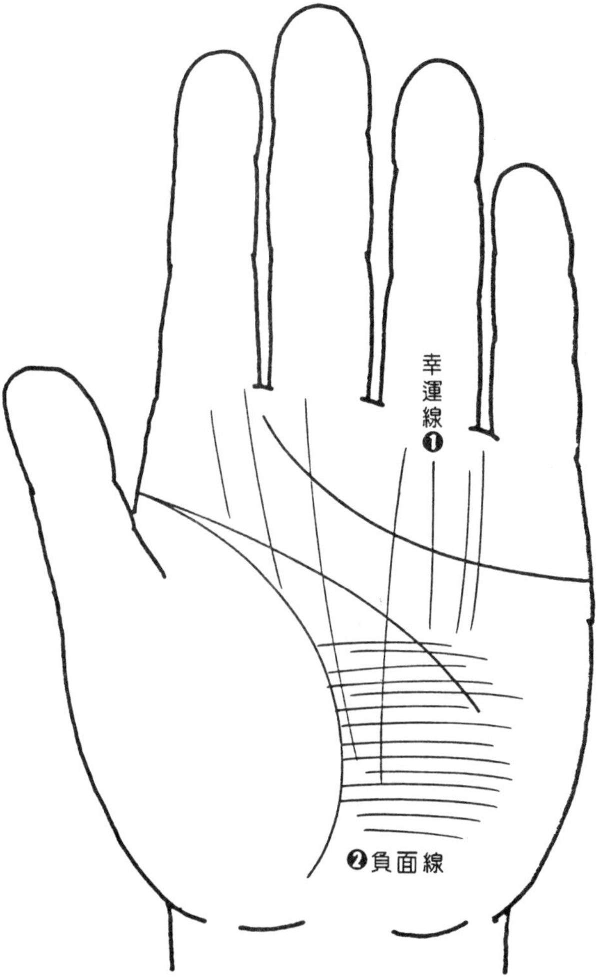
幸運線❶
❷負面線

●從何決定吉凶

到筆者住處前來鑑定手相的人，最關心的通常是「自己的手相是好或壞？」我想各位讀者也一樣吧。

筆者對於焦慮地尋求結論而一再地詢問：「老師，我的手相不好嗎？」的人，通常會如此地回應。

「手相只不過是反映你目前的心態。心機一轉手相也產生變化，運勢跟著轉變。所以，手相乃是創造掌握幸運的契機，各位應保持這樣的心態做手相分析。」

事實上，手相並不只根據線紋做分析，手形、色澤、指頭形狀、指紋等等都有相關的要素，應該綜合這些要素及手上的丘等作判斷。

因此，即使生命線粗大而清晰，顯見強運之勢，但健康線上若出現障礙線，通常會建議當事者：「過勞而有身體不適的跡象，內臟虛弱。雖然凡事都應帶著自信，卻不可過信。」不要焦急地斷定自己手相的良否，即使出現不好之相，也應積極地接納這些不好徵候所傳達的建議。

指頭
外型
色澤
顏色

●手上所傳達的其他訊息

除了手上的基本線之外，還有其他各式各樣的記號。大致的運勢可從基本線獲得瞭解，而以下七個記號可以掌握個人獨特的性質。

①**格子型**　主要出現在金星丘，表示濃厚的感情。金星丘以外若出現此記號，會減弱該場所的運氣。

②**星型**　基本上是大吉相，而附圖所示的情況是有圓滿的婚姻。

③**支線**　運勢寬廣的暗示。可能在副業擁有成功或建立家庭等，比以往更能發揮實力。

④**島型**　在線紋的途中出現中途島狀的線紋，會減弱該線紋所具有的能力。如果島型甚大，表示有重病的危險。

⑤**神秘十字**　這是神奇的十字，卻非凶相。出現在如圖所示位置的，稱爲神秘十字，也表示出身於具有陰德的家系。

⑥**雙重線**　基本線的側邊所出現的並行線。會加強基本線的含意。

⑦**鍊鎖線**　減弱線紋的含意。若出現在感情線，表示生性溫柔。

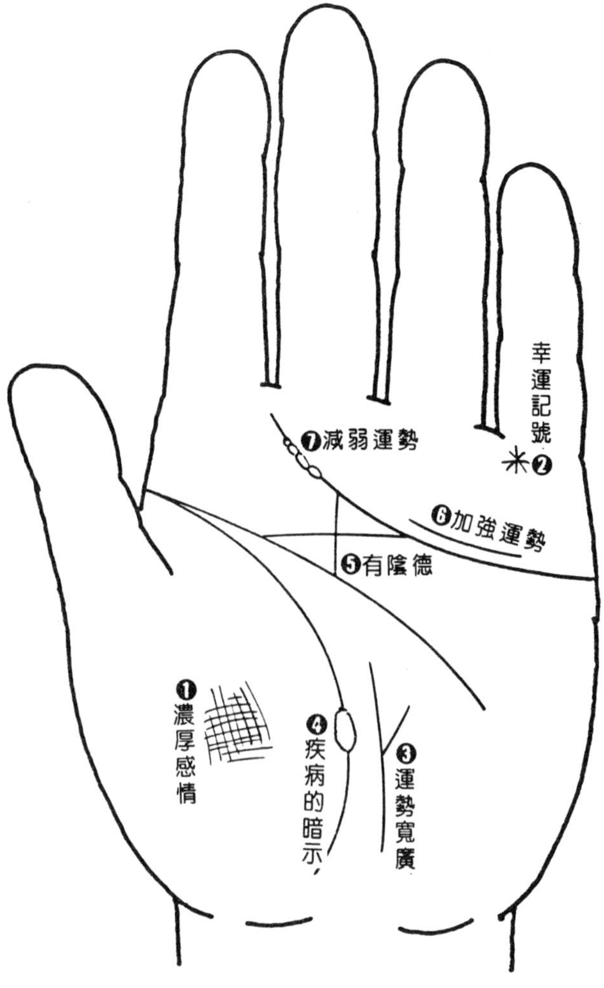
幸運記號
❷
❼減弱運勢
❻加強運勢
❺有陰德
❶濃厚感情
❹疾病的暗示
❸運勢寬廣

●應該看左手或右手？

請你面對鏡子仔細端詳自己的臉孔。你喜歡自己的左臉或右臉？有些人喜歡右側臉，但有些人則喜歡左側臉。不過，唯一可以論斷的是，左右臉不完全一樣。

同樣地，左手及右手的手相也有極大的出入。甚至有些人的左、右手的手相完全不同。那麼，分析手相時到底該看右手或左手？有關這個問題，古今中外有各式不同的說法，而筆者從結論而言，認爲應一併分析雙手的手相。因爲，分析雙手手相才能綜合地判斷個人的運勢。

左手代表先天的資質，右手則是後天的調養，左右手之間自然有不同的涵義。換言之，左手表示天生的才能、性格、命運，而右手則表示個人努力所開拓的才能與性格。

由於具有上述不同的涵義，應根據雙手做綜合性的分析與判斷。

才能
努力
充分分析雙
手做綜合判斷

●同樣的線紋有男女間的不同

目前的結婚型態形形色色，以入贅的結婚模式而言，現在有越來越多入贅而不冠妻性的類族。

但入贅的風氣是獨生子、女時代常見的現象。

筆者有一位朋友也是不冠妻性的入贅者。他和擁有自宅的某獨生女婚後，在妻子的娘家居住。

我曾經在這位朋友婚前看過其手相，他的命運線朝月丘延伸，三十二歲時出現開運的線紋。

因此，我曾經告訴他：「兩年後一定有好事發生，財源滾進。」

結果一語道破。

這位朋友的命運線在男性之間顯得較為細弱而缺乏魄力，但因有財運線與開運線而招來幸福吧。

整體而言，他手上的細紋較多，顯現女性化溫柔的人品。

而前幾天我也碰見這位朋友的太太，端詳其手相後，發現和朋友的手相幾乎完全相反。

粗大的生命線，從手腕筆直伸展到中指。

這位女性外表看來顯得溫和，其實相當堅強、精力充沛的人，幾乎是按耐不住的類型。她帶有男性化的剛陽氣，也許在她們的家庭內是由女人當家吧。我想一定錯不了。

有許多事例足以證明，總而言之，粗大而清晰的生命線若出現在男性手上是吉相，表示幹才之相，若在女性手上則是女人當家，欠缺女性溫柔之相。於女性而言是運勢過強之相。

相反地，女性的手上細紋較多者，通常是細心、溫柔而有女性化之相，如果出現在男性手上，雖然也是溫和善良的性格，但卻帶有神經質、心思細膩、缺乏魄力，同時也欠缺男性的魅力。

●大、小手所具有的含意

筆者在分析手相時，經常發現有些人的手特別大，而有些的手則異常的小。當然，在此我所謂的「大手、小手」是和該人的體型相較而有大、小之感。和身體的體型相較下顯得手特別大的人，是屬於對任何事態度慎重而帶有神經質的人。換言之，是凡事三思之後再三思，處事極爲小心的人。因此，對細微小事也顧慮周到，對待他人不忘體貼用心的人。而且，性格認眞，絕不和同事或同伴起爭執，可以令人安心委任工作的人。

相反地，依全身的比率而顯得手小的人，是具有決斷力而行動大膽者。而且，腦筋靈敏、行動快速，任何事都能處理妥當順遂。不會爲細微小事所牽掛，會做整體分析之後再判斷，因此，政治家或董事長級的人常見小手者。

不過，小手者的缺點是較容易感情用事而欠缺思慮的周密性，有時也應充分傾聽他人的意見再採取行動。

呀呼，爬山去也！
等一等

●從手的顏色也可瞭解性格或運勢

胃弱而食慾欠佳者通常臉色蒼白，飲酒過度而傷害到肝臟者，臉上顯得黑濁，可見每個人的健康狀態只要觀其臉色、色澤，通常可窺見一斑。同樣地，仔細觀察手的顏色或色澤，不僅可以瞭解個人的身體狀態，甚至可如左記所示，確實地掌握個人的性格或運勢。

●**粉紅色的手**——淡粉紅色且色澤佳，表示身心健康、運勢良好。屬於性格開朗、受任何人歡迎的類型。

●**慘白的手**——手掌整體浮現血管而顯得慘白的人，是消化器較弱的徵兆。性格帶有神經質，屬於操勞性的人，應注意保養自己的腸胃。

●**紅色的手**——患有高血壓症或心臟疾患者常有的顏色。必須改變急性而易怒的性格。

●**黃色的手**——必須注意肝臟。性格上似乎有曖昧不明之處。

●**白色的手**——通常是神經質而有貧血的人。

●**微黑的手**——腎臟方面有毛病。性格消極而鑽牛角尖。

PINK
RED
BLUE

流。

●根據手指的長短瞭解性格

以經驗而言，手指的長短也有助於瞭解個人的性格、才能及運勢。

一般而言，手指較長的人通常心思較細膩，因此，怕受到他人的傷害而極端避免與人交流。

很容易流於現今時下所流行的「乾燥」的人際關係，但也有其羅曼蒂克的另一面。因帶有神經質，反而擅長精細的手工業或藝術工作。

若是指頭長的女性，外觀上顯得美麗而秀氣，但情緒起伏甚大，有時會陷入歇斯底里的狀態。

而指頭短的人，是屬於無法靜候的現實派、活動家。不過，凡事都以商場理念劃分的一清二楚，所以，稍欠情趣。雖然並非笨拙，但與長指頭者相較之下，較不擅長精細的手工業。

從這一點看來，也許較適合營業員、推銷員等工作。

啊，白馬王子……

●指甲上的白點是幸運的記號

幸運的徵兆並不只出現在手相。自古以來有關指甲有許多的傳說，譬如，『夜晚剪指甲無法在父母離世時陪侍在側』。……姑且不論傳說如何，其實幸運的徵兆也會出現在指甲上。

尤其是指甲上所出現的白色斑點，被認爲是「幸運的記號」。不過，幸運記號的白色斑點是指指甲上只有一個或兩個白點的情況，如果出現許多白斑點，乃是精神或肉體上的疲勞已達界限的時候，應特別注意。

另外，根據白斑點所出現在指頭的位置，其所含的幸運意義有以下的不同。如果出現在拇指，表示愛情方面的幸運，可能有意中人出現；若出現食指則是商業方面的幸運；出現在中指表示旅行上的幸運；出現在無名指是財運、名聲、配偶者的幸運；而出現在小指則是不動產或兒女方面的幸運。

白點從出現在指甲直到消失的期間約四個月，這個期間是個人的「幸運期」。

獎
看你往
那裡逃……

粗大的命運線——在社會上大活躍

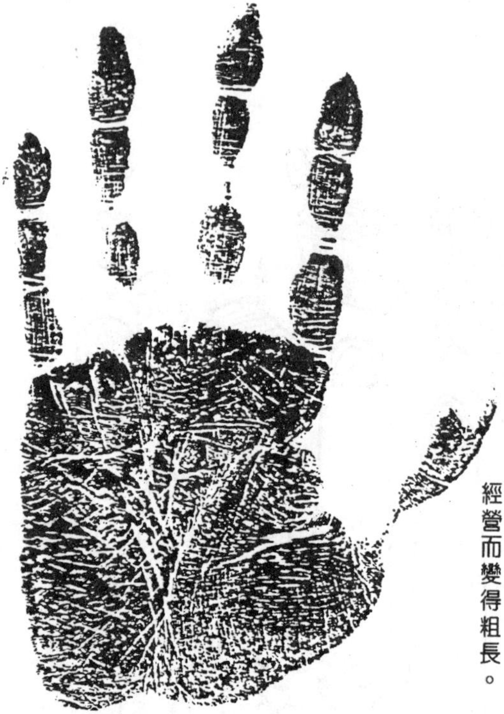

●命運線
雖短卻可因用心經營而變得粗長。

山本昇　銀行員　29歲

命運線細薄是意味著主動採取行動的意志，或缺乏自覺性。

也許幼兒期是體弱多病吧。因而對人生不抱有希望，表現冷眼看待人生的傾向。

但隨著年歲的增長，命運線越來越強，可以期待今後在社會上的活躍。

大展出版社有限公司	圖書目錄
地址：台北市北投區11204 致遠一路二段12巷1號 郵撥： 0166955～1	電話：(02) 8236031 8236033 傳眞：(02) 8272069

•法律專欄連載•電腦編號 58

台大法學院 法律學系／策劃
法律服務社／編著

①別讓您的權利睡著了[1]	200元
②別讓您的權利睡著了[2]	200元

•秘傳占卜系列•電腦編號 14

①手相術	淺野八郎著	150元
②人相術	淺野八郎著	150元
③西洋占星術	淺野八郎著	150元
④中國神奇占卜	淺野八郎著	150元
⑤夢判斷	淺野八郎著	150元
⑥前世、來世占卜	淺野八郎著	150元
⑦法國式血型學	淺野八郎著	150元
⑧靈感、符咒學	淺野八郎著	150元
⑨紙牌占卜學	淺野八郎著	150元
⑩ＥＳＰ超能力占卜	淺野八郎著	150元
⑪猶太數的秘術	淺野八郎著	150元
⑫新心理測驗	淺野八郎著	160元

•趣味心理講座•電腦編號 15

①性格測驗１	探索男與女	淺野八郎著	140元
②性格測驗２	透視人心奧秘	淺野八郎著	140元
③性格測驗３	發現陌生的自己	淺野八郎著	140元
④性格測驗４	發現你的真面目	淺野八郎著	140元
⑤性格測驗５	讓你們吃驚	淺野八郎著	140元
⑥性格測驗６	洞穿心理盲點	淺野八郎著	140元
⑦性格測驗７	探索對方心理	淺野八郎著	140元
⑧性格測驗８	由吃認識自己	淺野八郎著	140元
⑨性格測驗９	戀愛知多少	淺野八郎著	140元

⑩性格測驗10	由裝扮瞭解人心	淺野八郎著	140元
⑪性格測驗11	敲開內心玄機	淺野八郎著	140元
⑫性格測驗12	透視你的未來	淺野八郎著	140元
⑬血型與你的一生		淺野八郎著	140元
⑭趣味推理遊戲		淺野八郎著	160元
⑮行爲語言解析		淺野八郎著	160元

·婦 幼 天 地· 電腦編號16

①八萬人減肥成果	黃靜香譯	180元
②三分鐘減肥體操	楊鴻儒譯	150元
③窈窕淑女美髮秘訣	柯素娥譯	130元
④使妳更迷人	成　玉譯	130元
⑤女性的更年期	官舒妍編譯	160元
⑥胎內育兒法	李玉瓊編譯	150元
⑦早產兒袋鼠式護理	唐岱蘭譯	200元
⑧初次懷孕與生產	婦幼天地編譯組	180元
⑨初次育兒12個月	婦幼天地編譯組	180元
⑩斷乳食與幼兒食	婦幼天地編譯組	180元
⑪培養幼兒能力與性向	婦幼天地編譯組	180元
⑫培養幼兒創造力的玩具與遊戲	婦幼天地編譯組	180元
⑬幼兒的症狀與疾病	婦幼天地編譯組	180元
⑭腿部苗條健美法	婦幼天地編譯組	150元
⑮女性腰痛別忽視	婦幼天地編譯組	150元
⑯舒展身心體操術	李玉瓊編譯	130元
⑰三分鐘臉部體操	趙薇妮著	160元
⑱生動的笑容表情術	趙薇妮著	160元
⑲心曠神怡減肥法	川津祐介著	130元
⑳內衣使妳更美麗	陳玄茹譯	130元
㉑瑜伽美姿美容	黃靜香編著	150元
㉒高雅女性裝扮學	陳珮玲譯	180元
㉓蠶糞肌膚美顏法	坂梨秀子著	160元
㉔認識妳的身體	李玉瓊譯	160元
㉕產後恢復苗條體態	居理安·芙萊喬著	200元
㉖正確護髮美容法	山崎伊久江著	180元
㉗安琪拉美姿養生學	安琪拉蘭斯博瑞著	180元
㉘女體性醫學剖析	增田豐著	220元
㉙懷孕與生產剖析	岡部綾子著	180元
㉚斷奶後的健康育兒	東城百合子著	220元

•青春天地• 電腦編號17

①A血型與星座	柯素娥編譯	120元
②B血型與星座	柯素娥編譯	120元
③O血型與星座	柯素娥編譯	120元
④AB血型與星座	柯素娥編譯	120元
⑤青春期性教室	呂貴嵐編譯	130元
⑥事半功倍讀書法	王毅希編譯	150元
⑦難解數學破題	宋釗宜編譯	130元
⑧速算解題技巧	宋釗宜編譯	130元
⑨小論文寫作秘訣	林顯茂編譯	120元
⑪中學生野外遊戲	熊谷康編著	120元
⑫恐怖極短篇	柯素娥編譯	130元
⑬恐怖夜話	小毛驢編譯	130元
⑭恐怖幽默短篇	小毛驢編譯	120元
⑮黑色幽默短篇	小毛驢編譯	120元
⑯靈異怪談	小毛驢編譯	130元
⑰錯覺遊戲	小毛驢編譯	130元
⑱整人遊戲	小毛驢編著	150元
⑲有趣的超常識	柯素娥編譯	130元
⑳哦！原來如此	林慶旺編譯	130元
㉑趣味競賽100種	劉名揚編譯	120元
㉒數學謎題入門	宋釗宜編譯	150元
㉓數學謎題解析	宋釗宜編譯	150元
㉔透視男女心理	林慶旺編譯	120元
㉕少女情懷的自白	李桂蘭編譯	120元
㉖由兄弟姊妹看命運	李玉瓊編譯	130元
㉗趣味的科學魔術	林慶旺編譯	150元
㉘趣味的心理實驗室	李燕玲編譯	150元
㉙愛與性心理測驗	小毛驢編譯	130元
㉚刑案推理解謎	小毛驢編譯	130元
㉛偵探常識推理	小毛驢編譯	130元
㉜偵探常識解謎	小毛驢編譯	130元
㉝偵探推理遊戲	小毛驢編譯	130元
㉞趣味的超魔術	廖玉山編著	150元
㉟趣味的珍奇發明	柯素娥編著	150元
㊱登山用具與技巧	陳瑞菊編著	150元

•健康天地• 電腦編號18

①壓力的預防與治療	柯素娥編譯	130元
②超科學氣的魔力	柯素娥編譯	130元
③尿療法治病的神奇	中尾良一著	130元
④鐵證如山的尿療法奇蹟	廖玉山譯	120元
⑤一日斷食健康法	葉慈容編譯	120元
⑥胃部強健法	陳炳崑譯	120元
⑦癌症早期檢查法	廖松濤譯	160元
⑧老人痴呆症防止法	柯素娥編譯	130元
⑨松葉汁健康飲料	陳麗芬編譯	130元
⑩揉肚臍健康法	永井秋夫著	150元
⑪過勞死、猝死的預防	卓秀貞編譯	130元
⑫高血壓治療與飲食	藤山順豐著	150元
⑬老人看護指南	柯素娥編譯	150元
⑭美容外科淺談	楊啟宏著	150元
⑮美容外科新境界	楊啟宏著	150元
⑯鹽是天然的醫生	西英司郎著	140元
⑰年輕十歲不是夢	梁瑞麟譯	200元
⑱茶料理治百病	桑野和民著	180元
⑲綠茶治病寶典	桑野和民著	150元
⑳杜仲茶養顏減肥法	西田博著	150元
㉑蜂膠驚人療效	瀨長良三郎著	150元
㉒蜂膠治百病	瀨長良三郎著	180元
㉓醫藥與生活	鄭炳全著	180元
㉔鈣長生寶典	落合敏著	180元
㉕大蒜長生寶典	木下繁太郎著	160元
㉖居家自我健康檢查	石川恭三著	160元
㉗永恒的健康人生	李秀鈴譯	200元
㉘大豆卵磷脂長生寶典	劉雪卿譯	150元
㉙芳香療法	梁艾琳譯	160元
㉚醋長生寶典	柯素娥譯	180元
㉛從星座透視健康	席拉・吉蒂斯著	180元
㉜愉悅自在保健學	野本二士夫著	160元
㉝裸睡健康法	丸山淳士等著	160元
㉞糖尿病預防與治療	藤田順豐著	180元
㉟維他命長生寶典	菅原明子著	180元
㊱維他命C新效果	鐘文訓編	150元
㊲手、腳病理按摩	堤芳郎著	160元
㊳AIDS瞭解與預防	彼得塔歐爾著	180元
㊴甲殼質殼聚糖健康法	沈永嘉譯	160元
㊵神經痛預防與治療	木下眞男著	160元
㊶室內身體鍛鍊法	陳炳崑編著	160元

㊷吃出健康藥膳	劉大器編著	180元
㊸自我指壓術	蘇燕謀編著	160元
㊹紅蘿蔔汁斷食療法	李玉瓊編著	150元
㊺洗心術健康秘法	竺翠萍編譯	170元
㊻枇杷葉健康療法	柯素娥編譯	180元
㊼抗衰血癒	楊啟宏著	180元

•實用女性學講座•電腦編號 19

①解讀女性內心世界	島田一男著	150元
②塑造成熟的女性	島田一男著	150元
③女性整體裝扮學	黃靜香編著	180元
④女性應對禮儀	黃靜香編著	180元

•校 園 系 列•電腦編號 20

①讀書集中術	多湖輝著	150元
②應考的訣竅	多湖輝著	150元
③輕鬆讀書贏得聯考	多湖輝著	150元
④讀書記憶秘訣	多湖輝著	150元
⑤視力恢復！超速讀術	江錦雲譯	180元

•實用心理學講座•電腦編號 21

①拆穿欺騙伎倆	多湖輝著	140元
②創造好構想	多湖輝著	140元
③面對面心理術	多湖輝著	160元
④偽裝心理術	多湖輝著	140元
⑤透視人性弱點	多湖輝著	140元
⑥自我表現術	多湖輝著	150元
⑦不可思議的人性心理	多湖輝著	150元
⑧催眠術入門	多湖輝著	150元
⑨責罵部屬的藝術	多湖輝著	150元
⑩精神力	多湖輝著	150元
⑪厚黑說服術	多湖輝著	150元
⑫集中力	多湖輝著	150元
⑬構想力	多湖輝著	150元
⑭深層心理術	多湖輝著	160元
⑮深層語言術	多湖輝著	160元
⑯深層說服術	多湖輝著	180元
⑰掌握潛在心理	多湖輝著	160元

⑱洞悉心理陷阱　多湖輝著　180元

・超現實心理講座・電腦編號22

①超意識覺醒法	詹蔚芬編譯	130元
②護摩秘法與人生	劉名揚編譯	130元
③秘法！超級仙術入門	陸　明譯	150元
④給地球人的訊息	柯素娥編著	150元
⑤密教的神通力	劉名揚編著	130元
⑥神秘奇妙的世界	平川陽一著	180元
⑦地球文明的超革命	吳秋嬌譯	200元
⑧力量石的秘密	吳秋嬌譯	180元
⑨超能力的靈異世界	馬小莉譯	200元

・養生保健・電腦編號23

①醫療養生氣功	黃孝寬著	250元
②中國氣功圖譜	余功保著	230元
③少林醫療氣功精粹	井玉蘭著	250元
④龍形實用氣功	吳大才等著	220元
⑤魚戲增視強身氣功	宮　嬰著	220元
⑥嚴新氣功	前新培金著	250元
⑦道家玄牝氣功	張　章著	200元
⑧仙家秘傳袪病功	李遠國著	160元
⑨少林十大健身功	秦慶豐著	180元
⑩中國自控氣功	張明武著	250元
⑪醫療防癌氣功	黃孝寬著	250元
⑫醫療強身氣功	黃孝寬著	250元
⑬醫療點穴氣功	黃孝寬著	220元
⑭中國八卦如意功	趙維漢著	180元
⑮正宗馬禮堂養氣功	馬禮堂著	420元

・社會人智囊・電腦編號24

①糾紛談判術	清水增三著	160元
②創造關鍵術	淺野八郎著	150元
③觀人術	淺野八郎著	180元
④應急詭辯術	廖英迪編著	160元
⑤天才家學習術	木原武一著	160元
⑥猫型狗式鑑人術	淺野八郎著	180元
⑦逆轉運掌握術	淺野八郎著	180元

⑧人際圓融術	澀谷昌三著	160元
⑨解讀人心術	淺野八郎著	180元
⑩與上司水乳交融術	秋元隆司著	180元

・精 選 系 列・電腦編號 25

①毛澤東與鄧小平	渡邊利夫等著	280元
②中國大崩裂	江戶介雄著	180元
③台灣・亞洲奇蹟	上村幸治著	220元
④7-ELEVEN高盈收策略	國友隆一著	180元
⑤台灣獨立	森　詠著	200元
⑥迷失中國的末路	江戶雄介著	220元
⑦2000年5月全世界毀滅	紫藤甲子男著	180元

・運 動 遊 戲・電腦編號 26

①雙人運動	李玉瓊譯	160元
②愉快的跳繩運動	廖玉山譯	180元
③運動會項目精選	王佑京譯	150元
④肋木運動	廖玉山譯	150元
⑤測力運動	王佑宗譯	150元

・銀髮族智慧學・電腦編號 28

①銀髮六十樂逍遙	多湖輝著	170元
②人生六十反年輕	多湖輝著	170元

・心 靈 雅 集・電腦編號 00

①禪言佛語看人生	松濤弘道著	180元
②禪密教的奧秘	葉逯謙譯	120元
③觀音大法力	田口日勝著	120元
④觀音法力的大功德	田口日勝著	120元
⑤達摩禪106智慧	劉華亭編譯	150元
⑥有趣的佛教研究	葉逯謙編譯	120元
⑦夢的開運法	蕭京凌譯	130元
⑧禪學智慧	柯素娥編譯	130元
⑨女性佛教入門	許俐萍譯	110元
⑩佛像小百科	心靈雅集編譯組	130元
⑪佛教小百科趣談	心靈雅集編譯組	120元
⑫佛教小百科漫談	心靈雅集編譯組	150元

⑬佛教知識小百科	心靈雅集編譯組	150元
⑭佛學名言智慧	松濤弘道著	220元
⑮釋迦名言智慧	松濤弘道著	220元
⑯活人禪	平田精耕著	120元
⑰坐禪入門	柯素娥編譯	120元
⑱現代禪悟	柯素娥編譯	130元
⑲道元禪師語錄	心靈雅集編譯組	130元
⑳佛學經典指南	心靈雅集編譯組	130元
㉑何謂「生」　阿含經	心靈雅集編譯組	150元
㉒一切皆空　般若心經	心靈雅集編譯組	150元
㉓超越迷惘　法句經	心靈雅集編譯組	130元
㉔開拓宇宙觀　華嚴經	心靈雅集編譯組	130元
㉕真實之道　法華經	心靈雅集編譯組	130元
㉖自由自在　涅槃經	心靈雅集編譯組	130元
㉗沈默的教示　維摩經	心靈雅集編譯組	150元
㉘開通心眼　佛語佛戒	心靈雅集編譯組	130元
㉙揭秘寶庫　密教經典	心靈雅集編譯組	130元
㉚坐禪與養生	廖松濤譯	110元
㉛釋尊十戒	柯素娥編譯	120元
㉜佛法與神通	劉欣如編著	120元
㉝悟（正法眼藏的世界）	柯素娥編譯	120元
㉞只管打坐	劉欣如編著	120元
㉟喬答摩・佛陀傳	劉欣如編著	120元
㊱唐玄奘留學記	劉欣如編著	120元
㊲佛教的人生觀	劉欣如編譯	110元
㊳無門關（上卷）	心靈雅集編譯組	150元
㊴無門關（下卷）	心靈雅集編譯組	150元
㊵業的思想	劉欣如編著	130元
㊶佛法難學嗎	劉欣如著	140元
㊷佛法實用嗎	劉欣如著	140元
㊸佛法殊勝嗎	劉欣如著	140元
㊹因果報應法則	李常傳編	140元
㊺佛教醫學的奧秘	劉欣如編著	150元
㊻紅塵絕唱	海　若著	130元
㊼佛教生活風情	洪丕謨、姜玉珍著	220元
㊽行住坐臥有佛法	劉欣如著	160元
㊾起心動念是佛法	劉欣如著	160元
㊿四字禪語	曹洞宗青年會	200元
51妙法蓮華經	劉欣如編著	160元

52根本佛教與大乘佛教	葉作森編	元

•經營管理• 電腦編號01

◎創新經營管理六十六大計（精）	蔡弘文編	780元
①如何獲取生意情報	蘇燕謀譯	110元
②經濟常識問答	蘇燕謀譯	130元
③股票致富68秘訣	簡文祥譯	200元
④台灣商戰風雲錄	陳中雄著	120元
⑤推銷大王秘錄	原一平著	180元
⑥新創意•賺大錢	王家成譯	90元
⑦工廠管理新手法	琪　輝著	120元
⑧奇蹟推銷術	蘇燕謀譯	100元
⑨經營參謀	柯順隆譯	120元
⑩美國實業24小時	柯順隆譯	80元
⑪撼動人心的推銷法	原一平著	150元
⑫高竿經營法	蔡弘文編	120元
⑬如何掌握顧客	柯順隆譯	150元
⑭一等一賺錢策略	蔡弘文編	120元
⑯成功經營妙方	鐘文訓著	120元
⑰一流的管理	蔡弘文編	150元
⑱外國人看中韓經濟	劉華亭譯	150元
⑲企業不良幹部群相	琪輝編著	120元
⑳突破商場人際學	林振輝編著	90元
㉑無中生有術	琪輝編著	140元
㉒如何使女人打開錢包	林振輝編著	100元
㉓操縱上司術	邑井操著	90元
㉔小公司經營策略	王嘉誠著	160元
㉕成功的會議技巧	鐘文訓編譯	100元
㉖新時代老闆學	黃柏松編著	100元
㉗如何創造商場智囊團	林振輝編譯	150元
㉘十分鐘推銷術	林振輝編譯	180元
㉙五分鐘育才	黃柏松編譯	100元
㉚成功商場戰術	陸明編譯	100元
㉛商場談話技巧	劉華亭編譯	120元
㉜企業帝王學	鐘文訓譯	90元
㉝自我經濟學	廖松濤編譯	100元
㉞一流的經營	陶田生編著	120元
㉟女性職員管理術	王昭國編譯	120元
㊱ＩＢＭ的人事管理	鐘文訓編譯	150元
㊲現代電腦常識	王昭國編譯	150元

國立中央圖書館出版品預行編目資料

簡易精確手相／高山東明著；李玉瓊譯
－－初版－－臺北市；大展．民85
面；　　公分，－（命理與預言；14）
譯自：手相ここまで當たれば恐くなる
ISBN　957-557-593-8（平裝）

1．手相術

293.23　　　　85002785

簡易精確手相

ISBN 957-557-593-8

原著者／高山東明
編譯者／李玉瓊
發行人／蔡森明
出版者／大展出版社有限公司
社址／台北市北投區（石牌）致遠一路二段12巷1號
電話／(02) 8236031・8236033
傳眞／(02) 8272069
郵政劃撥／0166955－1
登記證／局版臺業字第2171號
承印者／高星企業有限公司
裝訂／日新裝訂所
排版者／千賓電腦打字有限公司
電話／（02）8836052
初版／1996年（民85年）5月
定價／200元

大展好書
好書大展